U0616210

心身·代际·社会

社会工作在养老服务发展中的实践探索

王思 李莉 朱疆 魏小凡 编著

西南交通大学出版社

·成都·

图书在版编目（ＣＩＰ）数据

社会工作在养老服务发展中的实践探索 /王思等编
著. -- 成都：西南交通大学出版社，2024.7 -- ISBN
978-7-5643-9881-1

Ⅰ. D669.6

中国国家版本馆 CIP 数据核字第 2024P63D94 号

Shehui Gongzuo zai Yanglao Fuwu Fazhan zhong de Shijian Tansuo
社会工作在养老服务发展中的实践探索

王 思　李 莉　朱 疆　魏小凡　**编著**

责任编辑　居碧娟
封面设计　吕坤霖　曹天擎

出版发行　西南交通大学出版社
（四川省成都市二环路北一段 111 号
西南交通大学创新大厦 21 楼）
发行部电话　028-87600564　87600533
邮政编码　　610031
网址　http://www.xnjdcbs.com
印刷　成都蜀通印务有限责任公司

成品尺寸　146 mm×208 mm
印张　4.5
字数　108 千
版次　2024 年 7 月第 1 版
印次　2024 年 7 月第 1 次
书号　ISBN 978-7-5643-9881-1
定价　68.00 元

　　社会工作是一门以人为本、关注社会问题和社会福利的学科，它旨在帮助个人、群体和社区提高其生活质量，实现其潜能和社会参与。社会工作在养老服务体系中的作用是多方面的，包括为老年人提供个性化、全面协调的服务，满足他们的物质、精神、社会和文化需求，促进他们的健康、幸福，维护其尊严；为老年人提供信息、咨询、辅导、倡导和支持，帮助他们应对生活中的困难和挑战，增强他们的自主、自尊和自信；为老年人提供社会教育、社会活动、社会交往和社会参与的机会，激发他们的兴趣、爱好和创造力，拓展他们的社会网络和社会资源；为老年人提供社会保障、社会保护和社会维权的服务，维护他们的合法权益，防止他们遭受歧视、虐待和忽视；为老年人提供社会调节、社会协调和社会整合的服务，协助他们与家庭、社区和社会和谐相处，促进他们的社会适应和社会融入。

　　有关社会工作在养老服务体系中作用的研究不仅有利于老年人的个人发展和社会贡献，也有利于社会的和谐稳定和可持续发展。随着我国老龄化程度的不断加深，社会工作在养老服务体系中的作用也日益凸显和重要。

　　本书是在成都市郫都区委组织部、成都市郫都区民政局、西南交通大学国际老龄科学研究院以及其他相关单位和人员的大力支持和协助下编写的，同时也是成都市郫都区"郫都菁英百人培养计划"项目支持成果。本书旨在探讨社会工作在养老服务体系中的作用和意义，分析社会工作在养老服务中的理论基础和实践方法，展示社会工作在养老服务中的典型案例和成功经验，提出社会工作在养老服务中的发展趋势和挑战，为推动社会工作在养老服务中的专业化和规范化提供参考和借鉴。

　　本书编写工作具体分工如下：第一章：王思、李莉；第二章：王思、朱疆；第三章：李莉、魏小凡；第四章：魏小凡、朱疆；第五章：朱疆、李莉、魏小凡、王思。

　　在此，我向本书编写过程中所有参与者表示衷心的感谢，他们的专业知识和宝贵贡献是本书的灵魂和基石。我也向所有为本书提供资料、数据、案例和意见的单位和个人表示诚挚的感谢，他们的无私奉献和热情帮助是本书写作的源泉和动力。我还要对出版本书的出版社和编辑表示深深的感谢，他们的专业水平和细致工作是本书品质和形象的保证。

　　本书的编写是在社会工作和养老服务领域的快速发展和变革的背景下进行的，我们力求做到客观、全面和准确，但由于水平有限，难免会有疏漏和错误，恳请广大读者批评指正，以便我们不断改进和完善。

王　思

2023 年 11 月

目 录
CONTENT

第
一
章

█ 绪　论

　　我国是世界上老年人口数量最多的国家之一。2023 年 12 月
13 日，民政部、全国老龄办发布《2022 年度国家老龄事业发展公
报》，公报显示，截至 2022 年末，全国 60 周岁及以上老年人口
28 004 万人，占总人口的 19.8%；全国 65 周岁及以上老年人口
20 978 万人，占总人口的 14.9%。全国 65 周岁及以上老年人口抚
养比 21.8%。如此庞大和快速发展的老年人口，必然给我国的经济
社会发展带来巨大压力和严峻挑战。习近平总书记在十九大报告中
指出，实施健康中国战略，积极应对人口老龄化，构建养老、孝
老、敬老政策体系和社会环境，推进医养结合，加快老龄事业和产
业发展。①

　　老年人是一个特殊的社会群体，他们有着多元化、个性化、
层次化的需求，如生活照料、健康保障、文化娱乐、社会参与等。
然而，由于社会经济的发展、家庭结构的变化、传统观念的冲击等

---

① 习近平：《决胜全面建成小康社会　夺取新时代中国特色社会主义伟大胜利——
　在中国共产党第十九次全国代表大会上的报告》，www.gov.cn/zhuanti/2017-
　10/27/content_5234876.htm.

因素，老年人面临诸多困境和挑战，如空巢孤寡、失能失智、歧视孤立等。这些问题不仅影响了老年人的幸福感和尊严感，也对社会的和谐稳定和可持续发展造成了压力和负担。

为了应对老龄化带来的挑战，我国政府制定了一系列的政策和措施，推动养老服务体系的建设和完善。党的十八大以来，我国在"老有所养"上持续用力，将积极应对人口老龄化确定为国家战略，专门出台并实施中长期规划，推动老龄事业顶层设计更加完备、重大改革措施落实生效，为积极应对人口老龄化奠定了坚实的基础。2016 年中共中央、国务院颁布的《"健康中国"2030 规划纲要》中，更是制定了许多惠及老年人的政策。而与此同时，我国养老服务迅速发展，养老服务设施呈现多样化，"居家为基础、社区为依托、机构为补充、医养相结合"的中国特色养老服务体系建设日趋完善，已成为我国养老服务发展的主要方向。2021 年 12 月，国务院印发《"十四五"国家老龄事业发展和养老服务体系规划》（以下简称《规划》），明确"十四五"时期发展目标，积极应对人口老龄化国家战略的制度框架基本建立。在这样的背景下，老龄事业和产业有效协同、高质量发展，居家社区机构相协调、医养康养相结合的养老服务体系和健康支撑体系加快健全，全社会积极应对人口老龄化格局初步形成，老年人获得感、幸福感、安全感显著提升。

然而，在实践中，我们发现养老服务体系仍然存在一些问题和不足，如服务供给不足、服务质量不高、服务对象不精准、服务资源不均衡等。这些问题需要我们从多个角度和层面来分析和解决，而社会工作作为一种专业的、以人为本的、以服务为目的的工作，能够在这方面发挥重要的作用。就如今的社会资源来看，面对日益增长的庞大老年群体，养老服务行业"单打独斗"是行不通的，必须充分链接已有社会资源，并且拥有非凡的资源调度能力，才能有效缓解社会养老工作的压力。而联络各类资源、通过一定的组织与联系将各类现有资源协同起来参与养老服务供给能起到"借力打力"、四两拨千斤的效果。在这样的思路下，社会工作以其所特有的职业特质，作为能满足以上要求的职业便走进了养老服务的视野。

目前的养老服务大多都只能满足老年人基本的生活照料需要，老年人更高层次的需求供给服务则多为浅尝辄止的试探性服务，有的甚至根本没有。但若要整体提升养老服务水平，这方面服务能力的提升是不可避免的，而社会工作恰恰能解决养老服务在这方面专业度不够与相关资源稀缺的问题，可以丰富养老服务的服务范围，提升养老服务质量，填补当前养老服务的空白区域。

社会工作因其所特有的价值理论和专业知识，对外能够在社会资源和养老服务机构之间起到桥梁作用，包括其他行业资源的链接与匹配、志愿者资源的引入都能提升养老服务应对老年人不同需求的能力。社会工作虽然能够在养老服务中发挥如此多的作用，但目前的发挥还远远不够。当前的养老服务中，社会工作者的存在感还较弱，许多养老服务机构甚至从没有和社会工作者打过交道，很多服务还停留在最基本的生活照料之上。但在我们的养老服务如此红火的发展势态下，在满足了老年人基本的服务需求后，势必要在服务水平方面进行更进一步的探索，而探索的突破口就在社会工作与养老服务的融合中。社会工作如何在养老服务体系中发挥作用，如何有效地介入居家、社区和机构养老将是下一个养老服务发展阶段的重要命题。

本书旨在探讨社会工作介入养老服务体系的理论与实践，分析社会工作与养老服务体系的概念、特征和关系，阐述社会工作介入养老服务体系的相关理论、方法与技术，选取典型的实践案例进行分析和评价，展示社会工作介入养老服务体系的实践成果和经验教训。

▌养老服务体系与社会工作概述

一、养老服务体系

近年来，随着我国人口老龄化速度加快，老年人口呈现明显的增长趋势。国家统计局发布的最新数据显示，2023 年年末，我国 60 周岁及以上人口超 2.96 亿，老年人口基数大，老龄化速度快。同时随着家庭结构的小型化，得够居家养老的老人只是一小部分，更多的养老问题需要社会方面提供解决措施。党的十九届四中全会审议通过的《中共中央关于坚持和完善中国特色社会主义制度、推进国家治理体系和治理能力现代化若干重大问题的决定》提出"加快建设居家社区机构相协调、医养康养相结合的养老服务体系"，为协调推进我国养老服务体系建设指明了方向。构建社会化养老服务体系是实施积极应对人口老龄化国家战略的重要内容。一个好的养老服务体系，必须保证养老服务对象的普遍性、服务供给的可及性、服务质量的可靠性、服务价格的可承受性。当前，我国已经出台基本养老服务清单，正加快健全基本养老服务制度体系。

（一）居家养老

1. 居家养老服务含义

"居家养老"的概念是随着西方国家人口老龄化形势严峻出现的，通常称为"老年人社区照顾"。该模式源于 20 世纪 50 年代英国推出的"社区照顾（Community Care）"概念及相关理念，此后被其他国家所采用。20 世纪 80 年代，为了解决全球性的人口老龄化问题，联合国提出"社区居家养老"的概念。1982 年发表的《维也纳老龄问题国际行动计划》和 1992 年颁布的《老龄问题宣言》建议政府以社区为基本单位，让退休老人在家庭和社区解决自身的养老问题。目前我国学者研究中出现了概念模糊、定义不一致情况，如"社区居家养老""居家养老""社区养老"，因此本书将"以居家养老为基础、社区服务为依托"的养老福利服务体系统称为"居家养老"。

居家养老的核心理念是以老年人的需求为中心，提供个性化、灵活性和贴近家庭生活的服务。相对于传统的入住养老机构，居家养老强调保持老年人的独立性、尊严和社会参与，并提供适应老年人特殊需求的支持和护理。

在我国，香港首次提出居家养老的概念，并将其界定为在社区内进行安老服务，并对有需要的老人进行入户服务。相对于机构养老服务，居家社区养老服务作为一种服务递送方式（Service delivery system），包含两个层面的含义：一是在老年人所居住的社区内为老年人提供的服务；二是社区作为连接政府和家庭的服务平台，为居家的老年人提供养老服务。随着居家养老和社区养老两者的实际功能日趋融合，服务实践中也越来越难以区分这两者的含义。因此，近年来学界和政府越来越多的研究以及政策文本开始使用"居家社区养老服务"这一概念。

从家庭、社区和社会三者的关系出发，部分学者把居家养老服务定义为"以家庭养老为主、社会养老为辅的养老模式"。也就是说，它旨在建立一个以家庭为核心、社区养老服务网络为外围、养老制度为保障的居家养老体系。 在我国官方的定义中，根据"全国老龄工作委员办公室"的解释，居家养老服务是指政府和社会以社区为依托，为居家的老年人提供生活照料、家政服务、康复护理和精神慰藉等养老服务的一种服务形式。

作为一种新型养老方式，有关居家养老概念的界定要与传统养老模式有所区别。居家养老既不同于机构养老，又有别于传统的家庭养老，而是对传统养老模式的一种补充与更新。居家养老的养老服务供给者是社区专门人员；服务形式为上门服务；服务内容包括家政服务、生活照料、娱乐休闲以及精神慰藉四类。

综合来看，居家养老是通过政府、社区和家庭等多方责任主体的协调合作，为老年人提供经济来源、生活照料服务、医疗服务和精神慰藉服务的家庭养老和社会养老相结合的一种社会化养老模式。这种养老模式保证了家庭养老功能的延续，仍以家庭为主体，是一种符合当前我国国情的养老模式。

2. 居家养老服务现状

1）政府补贴及制度

资金支持的稳定性、多元化是社区居家养老服务可持续发展的重要保证。目前，我国社区居家养老服务的资金主要来源于政府补贴与彩票公益金，资金来源渠道单一。2021 年，中央下达 10.9亿元专项彩票公益金，支持全国 42 个地区开展居家和社区基本养老服务提升行动。2022 年开年之初，全国多地纷纷针对居家养老推出新举措。

北京市昌平区全面完成基本养老服务对象认领签约工作，各养老服务驿站为责任片区内基本养老服务对象免费提供巡视探访、个人清洁、养老顾问、呼叫服务四项基本养老服务。

四川省成都市居家和社区基本养老服务提升行动项目已经启动，项目获得中央专项彩票公益金支持，包括家庭照护床位建设和居家养老上门服务，其中家庭照护床位建设能享受到最高 5000 元/户的补贴标准。具有成都市户籍且长期居住在成都的低保、低保边缘、散居特困和可支配收入低于上年度人均可支配收入中间偏下组的失能、半失能的老年人可申请本项目补贴，用于建设家庭照护床位和享受居家养老上门服务。补贴范围包括：家庭照护床位建设补贴、家庭照护床位服务及运营补贴、长期照护保险支持政策、养老机构责任保险补贴、居家养老上门服务补贴等多项内容。①

河北省唐山市印发相关方案，在全市 18 个区、市、县推进实施"四个一点"农村居家养老助餐模式，要求 2022 年 3 月至 10 月底试点期间，在全市范围建成 50 个农村助餐养老小食堂，同时鼓励具备能力的村按照"一村带一村或一村带多村"方式，同步辐射带动暂不具备建设条件的村。"四个一点"农村居家养老助餐模式2019 年在唐山市滦南县首次试点实施，通过"政府补一点、个人出一点、社会捐助一点、志愿者奉献一点"方式逐步推进，截至

---

① 老龄大数据：《各地居家养老服务新举措，成都最高补贴 5000 元/户》，
https://mp. weixin. qq. com/s/viGBWBau4yWiZ- 1Lgtsazw.

2022 年 1 月，以村为单位已建成 20 多个农村小食堂。

此外，上海市也为开展居家环境适老化改造的家庭每户补贴 3000 元。有的区通过财政补贴、基金会资助、企业认领、村级福利等多种方式，在市级补贴的基础上，还为居民争取叠加补贴，减少老人的自付比例。自 2019 年年底上海开展"政府引导、市场化运作"的新型居家环境适老化改造试点以来，截至 2023 年上半年，已累计为全市逾 1.8 万户老年家庭提供改造服务。

2）政府主导提供的服务

政府应承担起作为"准公共物品"的养老服务的供给责任。政府作为养老服务供给的核心与主导，需要在完善制度设计、优化财政支持、强化统筹监督方面有更多作为。养老服务主要包括基本养老服务和多元化的养老服务。基本养老服务是指由国家直接提供或者通过一定方式支持相关主体向老年人提供的，旨在实现老有所养、老有所依必需的基础性、普惠性、兜底性服务，包括物质帮助、照护服务、关爱服务等内容。

2023 年 5 月，中共中央办公厅、国务院办公厅印发了《关于推进基本养老服务体系建设的意见》（以下简称《意见》），《意见》指出，基本养老服务在实现老有所养中发挥着重要基础性作用，推进基本养老服务体系建设是实施积极应对人口老龄化国家战略、实现基本公共服务均等化的重要任务。《意见》要求"十四五"期间，要始终坚持基础性、普惠性、共担性和系统性的原则，并且明确了要制定落实基本养老服务清单、建立精准服务主动响应机制、完善基本养老服务保障机制、提高基本养老服务供给能力以及提升基本养老服务便利化可及化等五个工作目标，同时在组织的保障上也作出了明确的指示，要求加强组织领导、强化督促指导和监管以及营造良好社会氛围。

自 2022 年开始，全国各地省市政府也相应出台相关政策，开始侧重本地的养老工作。2022 年 2 月，北京市民政局等部门联合印发的《关于开展"物业服务+养老服务"试点工作的通知》，重点选择在城六区人口密集的老旧小区、新建小区、街巷物业等不同类型的区域进行试点，引导物业服务企业发挥常驻社区、贴近居民、响应快速等优势，根据不同区域人口结构、老年人服务需求，有针对性地提供多元化、个性化的社区居家养老服务。

2022 年 5 月 27 日，《温州市居家养老服务促进条例》（以下简称《条例》）发布，明确了政府、社会、家庭、个人各方面的责任，为温州居家养老服务高质量发展夯实了根基。《条例》对生活照料服务、健康照护服务、精神慰藉服务以及学习娱乐、安全指导等其他服务做出了明确细致的规定，为居家养老服务提供了指引。

3）供需情况及对比

西方学者普遍认为社区照顾服务的提供应基于需求而不是其他因素。Bettina Meinow, Ingemar Karehole, Marten Lagergren（2005）对瑞典家政服务的分配进行了研究，认为其分配应基于老年人的切实需求。而且，他发现老年人在家政服务覆盖率高的城市更容易获得服务；在覆盖率低的城市，想要获得与覆盖率高的城市的老年人相同数量的家政服务可能会受到更多的限制。Stuart Wark（2014）认为相较于城市，在农村，老年人养老服务可及性更差，而且获得的养老服务也缺乏专业性，其养老服务需求难以得到满足。

国内研究主要集中在社区居家养老服务供需问题上。首先是关于社区居家养老服务供需数量矛盾的研究。我国社区居家养老服务供给水平远远低于老年人的需求水平。在供给水平上，多以社区养老照料机构和设施、社区从业人数以及社区服务志愿者数量等指标来大致确定；在需求水平上，多以 65 岁及以上老年人数量和老年人抚养比等指标来大致计算。结论比较统一，即当前我国社区居家养老服务的供给无法满足老年人的现实需求，供需数量矛盾明显（倪东生、张艳芳，2015；陈英姿、满海霞，2013）。

其次是关于社区居家养老服务供需错位的研究。社区居家养老服务供需错位是导致社区居家养老服务资源闲置的重要原因，供需错位是指社区居家养老服务供给与需求不匹配，主要表现为供需内容的不匹配、服务对象的供需失衡以及需求意愿和实际利用间的不一致等（林宝，2017）。例如，陆杰华、周婧仪（2019）调查发现，目前现有的社区居家养老服务的供给仅停留在提供家政服务、助餐服务等满足老年人基本生活照料需求的养老服务上，而对于老年人巨大的文化娱乐、助医服务等需求缺乏供给，难以满足老年人多样化的需求。因此，在实践中，社区居家养老服务容易出现低供给率和低利用率的现象，即总体上社区居家养老服务的供给水平远远低于需求水平，服务项目的利用率比供给率还要低（王莉莉，2013）。

最后是关于社区居家养老服务城乡、地区间的供需失衡研究（冯铁英、马朵朵，2020）。

3. 居家养老服务存在的问题

1）老年人需求与供给方面

通过对第四次全国老年人生活状况抽样调查数据的分析可以发现，当前居家社区养老服务仍然存在供需失衡、利用率不足的问题。城乡老年人对居家社区养老服务需求较高，政府在养老服务领域政策支持力度较大，特别是在城市，大部分社区居家养老服务供给增加，但供需不匹配的情况依然显著。高需求和高供给情况下，老年人养老服务的利用率仍然偏低，大量设施设备被"闲置"。

丁志宏、王莉莉（2011）利用中国老龄科学研究中心 2006 年"中国城乡老年人口状况追踪调查"的数据，详细分析了目前我国社区居家养老服务的需求、供给与利用状况，结果发现，目前我国居家养老服务在很大程度上还是一种"自上而下"的推行模式，覆盖的人群大都是生活困难、需要救助的老年人，且从运行模式上来看，还停留在政府买单的阶段，养老服务市场化水平不足。此外，许多老年人对于社区的功能不甚了解，且老年人的传统观念较深，购买服务的意识还不强，这些问题都在很大程度上影响了老年人对社区居家养老服务的了解和利用率，从而造成了需求高而利用率相对较低的现象。

一系列关于我国老年人居家养老服务需求的研究显示，老年人的服务需求集中于生活照料、医疗保健和精神文化层面。然而，目前的居家养老服务存在服务内容单一、利用率低、价格不合理和可靠性不足等问题，在服务提供方面又存在物质服务过剩、精神文化服务相对被忽视的失衡局面。王琼通过全国性调查发现，虽然老年人对于社区居家养老服务的整体需求较高，但各项服务的需求差异较大，其中，上门治疗需求最高，上门护理、康复质量、法律援助等需求相对较高；多数服务利用率很低，服务供给方面存在过剩的问题。许多研究发现健康状况对于老年人社区养老服务需求有显著影响，失能、半失能老人对于社区养老服务需求较大，尤其是对于生活照料、医疗护理以及医疗康复服务的需求，但目前社区居家养老服务利用现状不理想，故呈现出低利用、高需求的状态。

供给缺口在国外也同样存在。加拿大一项研究显示，对于居家服务，26.8%的老年人存在多样化需求，17.7%的老人至少有 1 项需求未能满足，超过 2 项未满足的老人超过 50%，其中家政、房屋维修的未满足率高，魁北克、哥伦比亚省养老服务缺失最为严重。再如美国老年糖尿病患者的社会工作、家庭护理、家政、医疗等养老服务需求未能满足的情况也较为突出。

2）服务承接主体方面

目前我国居家养老服务供给在很大程度上是一种"自上而下"的推行模式，市场化的社区居家养老服务较为滞后。究其原因，主要还是治理结构的问题。目前，居家社区养老服务的公共投入主要落到了资产建设上。在居家社区养老服务中，人工成本常常被忽视，政府的投入没有或者较少落到人工上，导致政府财政资金使用效率不高。同时，政府进行绩效考核时，政府购买服务需要量化和标准化，而老年人实际需求及体验感是较为主观且多元的东西，两者在价值评价上存在冲突，导致政府难以有效衡量居家养老服务的质量。另外，当前我国对社区养老服务的管理仍然是行政"分割"的，卫健部门有家庭医生负责医疗，民政部门负责居家养老，医保部门有长期护理保险，这也导致了养老服务供给的碎片化，老年人想要获得全方位的服务往往需要寻找不同的部门，这不符合居家养老服务的内涵（王震，2018）。

在服务成本方面，老年护理行业因技术替代难以实施而呈现出"成本病"。医疗、护理、演出等服务业劳动生产率低于社会平均水平，劳动力成本增长快于社会平均工资，导致成本增加。

3）政府政策方面

党中央高度关注养老服务和老龄工作，积极应对人口老龄化，中国养老服务进入新时代。我国主要由民政部负责居家养老服务相关事务。国家和社会十分注重养老问题。自 21 世纪以来，我国在养老服务政策上持续不断完善。

2000 年，国务院办公厅转发民政部、财政部等部门《关于加快实现社会福利社会化的意见》，该意见中首次提到了"在供养方式上坚持以居家为基础、以社区为依托、以社会福利机构为补充"的养老服务发展方向。

2008 年，全国老龄办等部门联合发布的《关于全面推进居家养老服务工作的意见》则正式以文件的方式定义了居家社区养老服务，并将其与传统家庭养老模式相区别："居家养老服务是指政府和社会力量依托社区，为居家的老年人提供生活照料、家政服务、康复护理和精神慰藉等方面服务的一种服务形式。它是对传统家庭养老模式的补充与更新，是我国发展社区服务、建立养老服务体系的一项重要内容。"2011 年《社会养老服务体系建设规划（2011—2015）》以及 2012 年新修订的《老年人权益保障法》一直沿用养老服务体系建设的原则。

2015 年 10 月，在第十八届五中全会上，国家将论述调整为逐步建立起"以居家为基础，社区为依托，机构为补充，医养相结合"养老服务体系新模式。

2017 年，《"十三五"国家老龄事业发展和养老体系建设规划》将居家和社区养老服务放到一起来论述，专门提出了"大力发展居家社区养老服务"。相关研究报告分析指出，在我国未来一段时期乃至长期发展时期，各地区养老服务政策的供给框架均在向"9073"或"9064"引导。

2019 年 11 月，党的十九届四中全会《决定》进一步提出"加快建设居家社区机构相补充，医养康养相结合的养老服务体系"的要求，为协调推进我国养老服务体系建设指明了方向。

2022年2月国务院印发《"十四五"国家老龄事业发展和养老服务体系规划》提出，要在"十四五"时期，基本建立积极应对人口老龄化国家战略的制度框架，老龄事业和产业有效协同、高质量发展，加快健全居家社区机构相协调、医养康养相结合的养老服务体系和健康支撑体系，初步形成全社会积极应对人口老龄化的格局，构建和完善兜底性、普惠型、多样化的养老服务体系，显著提升老年人的获得感、幸福感、安全感。

2022年10月29日，中共中央办公厅、国务院办公厅印发的《关于制定国民经济和社区发展第十四个五年规划和二○三五年远景目标的建议》，提出要推动养老事业和养老产业协同发展，健全基本养老服务体系，大力发展普惠型养老服务，支持家庭承担养老功能，构建居家社区机构相协调、医养康养相结合的养老服务体系。

2023年5月21日，中共中央办公厅、国务院办公厅印发《关于推进基本养老服务体系建设的意见》，明确提出要完善基本养老服务保障机制，提高基本养老服务供给能力，推动建立相关保险、福利、救助相衔接的长期照护保障制度，合理确定经济困难失能老年人护理补贴覆盖范围和补贴标准。

从政府的顶层方案设计中可以看出，居家养老是经济社会发展到一定阶段的产物，社会政策是它的发展关键。让每一个老年人都有一个健康幸福的晚年生活也是国家和社会致力于达成的目标。在数字经济时代，"互联网＋养老"逐渐成为一种新型的养老方式。

随着我国老龄化趋势的加快，以及家庭结构的小型化，老年人家庭外部的社会化养老服务的需求开始增加，政府提供的有限养老服务难以满足社会的需要，中国养老服务体系的政策框架由政府"补残式"的养老服务供给逐渐转向面向全体老年人的普遍化供给。

考虑到居家养老服务是一个内容复杂、涉及部门较多的综合体系，因此为了深入分析目前中国居家养老服务政策中存在的主要问题。王莉莉分析了存在于"居家养老服务链"服务供给、服务输送和服务利用三个阶段的主要问题：① 服务供给阶段：仍然以"计划性的服务"为导向，没有发展到"以人为本"，且存在"信息不对称"影响信息利用的问题。② 服务输送阶段：存在服务对象、内容、方式"群体、单一、模式化"问题，输送主体需要突破"单中心治理"弊端。③ 服务利用阶段：这一阶段"购买服务"理念尚未形成，养老服务需求供给利用不平衡。

（二）社区养老

1. 社区养老服务含义

社区居家养老是依托社区为居家老年人提供生活照料、家政服务、康复护理和精神慰藉等多方面服务的一种养老形式。社区养老是承接居家养老的一个平台，老人住在家里，社区为老人提供上门服务或托老服务。也就是以老年群体的既有家庭为养老生活场所，政府为主导，社区搭建养老服务平台，协调社会的现有资源，旨在满足老年人的物质和精神需求，是没有围墙的养老院。

社区养老服务最早在西方国家发端，因此西方对社区养老服务的研究也相对较成熟。西方国家通常将社区养老服务称为社区照顾，在此基础上，M. Bayley 进一步将其划分为"由社区照顾"和

"在社区内照顾"。"由社区照顾"是指在政府不直接干预的前提下，由家人、朋友、邻里及志愿者维系的综合性、非规范性照顾体系。"在社区内照顾"，顾名思义，是一种为社区内老年人提供的照顾服务，以社区为基础建设基础设施，政府部门进行直接干预，形成一种专业化、规范化的养老照顾体系。

20 世纪 80 年代以后，受西方国家社区照顾养老模式的启发，我国社区养老服务逐渐兴起，我国学者也开始重视对社区养老服务的理论研究。由于学者们的研究侧重点和统计口径不同，对社区养老的界定存在一定差异。史柏年（1997）将社区养老称为老人社区照顾，并对此下定义为：充分发展正规服务、社会性的支持网络及志愿者队伍为社区老年人提供帮助，使他们能在自己熟悉的环境下生活。吴雨浓、蒋爱群（2006）则认为社区养老服务就是政府占主导地位，依托街道办和居委会，使老人能够按照个人意愿，在熟悉的环境中安享晚年。成曦（2002）认为社区养老尽管主要由社区为老年人提供日常照料、医疗保健以及精神层面的相关服务，但是家庭依然是老年人养老的核心。王丽（2012）认为，所谓社区养老是指老人在家里居住，社区内设有养老服务机构，为老人提供餐饮、医疗护理、休闲与精神慰藉等一些无收费或低收费服务的一种养老方式。王海燕指出，社区养老服务就是在社区内为老年人提供包括物质、设施、衣食住行以及生活照料、医疗护理、文化娱乐、心理咨询等方面的需求。尽管对社会养老的界定存在分歧和差异，但是依然存在一定共识。

2. 社区养老服务现状

1）政府补贴及制度

21 世纪以来，我国在养老服务领域进行了持续性的探索。

2011 年，国务院在《国务院关于印发中国老龄事业发展"十二五"规划的通知》中提出，老龄服务需要引导和支持社会力量开展居家养老服务，鼓励社会服务企业充分发挥自身优势，积极推进养老机构运行机制改革和完善，探索多元化、社会化的投资建设和管理模式，进一步完善和落实优惠政策。

根据民政部数据，2012 年至 2021 年，中央财政累计投入 359 亿元支持养老服务设施建设。"十三五"时期，中央专项彩票公益金采取以奖代补方式投入 50 亿元支持地方开展试点工作，这些资金撬动地方投入超过 180 亿元、社会投资超过 130 亿元，形成了中央和地方、政府和市场多元投资的良好格局。2021 年至 2022 年，中央专项彩票公益金又累计投入 22 亿元，进一步支持 84 个地区开展居家和社区基本养老服务提升项目。从区域分布来看，截至目前，共有五批试点城市，覆盖 30 省 59 市；从试点的内容来看，开展特殊和困难老年人筛查摸底工作、探索建立居家和社区基本养老服务清单制度、针对特殊困难老年人开展探访服务、建立居家和社区养老应急服务网络等内容全方位惠及广大老年人。

2019 年 6 月 28 日，民政部联合财政部、税务总局等部门印发《关于养老、托育、家政等社区家庭服务业税费优惠政策的公告》，对社区养老服务业免征增值税，按 90%征所得税；对承受或提供房产、土地用于养老服务的，免征契税、房产税、城镇土地使用税和城市基础设施配套费、不动产登记费等费用。

2022 年 2 月，国务院印发《"十四五"国家老龄事业发展和养老服务体系规划》（以下简称《规划》），《规划》提出扩大普惠型养老服务覆盖面，到 2025 年，乡镇（街道）层面区域养老服务中心建有率达到 60%，与社区养老服务机构功能互补，共同构建"一刻钟"居家养老服务圈。

2）政府主导提供的服务

关于社区养老供给的服务主体，国内学者有较大的分歧。曹宪忠等一派学者认为，受东亚传统文化等的深刻影响，家庭应该始终是养老的供给主体。而吴国卿认为，家庭承担的主要是传统的照顾工作，如家政、清洁等，对于一些专业性的养老服务需求如护理等家庭难以满足，社区养老服务的供给主体应是政府，同时也鼓励社会团体积极参与到老年事业与产业的行列中。张文丽（2005）认为社区养老中可以加入市场竞争的机制来改善和提高养老服务的质量。孙慧峰（2010）认为我国社区养老服务供给的主体应该多元化，共同担负养老责任。

2006 年国务院在《加快发展养老服务业意见的通知》中强调"积极支持以公建民营、民办公助、政府补贴、购买服务等多种方式兴办养老服务业，鼓励社会资金以独资、合资、合作、联营、参股等方式兴办养老服务业"。而在一些西方国家中，社区照顾作为社会力量的重要组成部分也积极参与到了养老服务中。王丽娜（2004）通过研究英国社区照顾的发展总结出三种社区照顾措施，第一种是在发展到一定规模的社区中兴建独立院舍，对没有亲人和失能、半失能的老人进行集中照顾，老人可以离开院舍进入社区；第二种是在社区中提供一些服务设施供有需要的老人开展各项活动；第三种是上门服务，尤其是为那些行动不便的孤寡老人提供包括日常生活照料、医疗保健等在内的各项服务。J. C. Andrew 指出，英国的社区照顾服务提供者主要包括经理人、工作人员和照顾人员。经理人总体负责社区照顾工作，包括资金运转、人员管理和工作监督；工作人员主要负责及时获知老年人的生活诉求；照顾人员则主要负责老年人日常生活的照顾。

我国的社区养老服务也从发达国家的建设中汲取到了宝贵的经验。我国香港地区的养老方式在很大程度上参照了英国的社区养老模式；日本 1963 年颁布的《老人福利法》对我国在养老领域的立法有很大的借鉴意义；新加坡以中央公积金制度为基础的社区养老也值得我国在筹资模式上积极借鉴。发达国家通过实践积累的先进经验为我国发展社区养老事业提供了多方面的借鉴。

从具体的实践来看，各地区也在开展居家和社区养老服务改革试点上取得了一些成就。上海市长宁区引导社会力量关注和参与老年认知障碍服务，精细对接服务需求；江苏省南通市探索"链式养老"，推动养老机构承接运营社区养老服务设施，便捷开展居家养老服务；安徽省蚌埠市通过发展公益创投，促进社会组织参与服务提供。

3）供需情况对比

我国有照料需求的高龄老人比例较高，占全部高龄老人的38.8%，各省有照料需求的高龄老人比例差异大，照料需求占比高的省份绝大部分在西部地区，这些省份经济条件差，养老服务供给难度大。另外，需要照料的高龄老人对大部分社区养老服务项目的知晓率、利用率和需求率均存在明显的差异，显示了知晓率高、需求率高、利用率低、利用效率差、有效需求得不到满足的特点。具体而言，有需要照料高龄老人对上门看病、上门做家务、日间照料、健康教育的知晓率较高，对上门看病、康复护理、日间照料和上门做家务的需求率也比较高，但在实际利用中，除上门看病服务利用率较高，其他服务项目的利用率都比较低。上门看病、上门做家务、日间照料和健康教育的利用效率较低；上门看病和康复护理没有得到有效满足。

丁志宏、王莉莉（2011）认为我国各类社区服务项目的供给不足还非常明显。只有上门看病服务的供给率比较高，为55.5%，其他各类服务的供给都在20%左右。从利用角度看，利用率比较高的上门看病服务也只有25.9%，其他的都非常低，如上门护理利用率仅为1.5%。从需求看，各类服务项目的需求都比较高，上门看病最高达到56.4%，其他的也都在30%左右。从城乡来看，城市社区服务项目比较齐全，且供给也都比较充分。从利用程度看，各类社区服务项目的利用率都不高，最高的上门做家务也仅为7%；其次是上门看病，为5.4%，其他的都在2%以下，如最低的老年人饭桌或送饭，比例仅有0.4%。在利用差上，普遍存在过剩问题，其中上门做家务、上门护理、上门看病和法律援助都在50%以上，特别是上门做家务，过剩比例达到61.2%。造成这种现象的主要原因是服务项目的服务品质和价格问题。在农村，除上门看病供给较高之外，其他服务项目的供给都远远低于城市，如上门做家务比城市低了61.4%，上门护理低了近50%。利用方面，农村老人对上门看病的利用率比较高，达32.4%。从需求看，农村的需求远远高于城市，如农村各类服务的需求比例都在30%以上，特别是上门看病达到67.8%，而城市的几乎都在20%以下。在需求差上，农村和城市相反，普遍存在需求不足问题，特别是聊天解闷服务达到32.5%。①

社区居家养老服务项目存在需求率高但有效需求得不到满足，以及和使用效率低存在矛盾，可能是供给和需求的错位、服务价格或服务质量问题造成的。对此，政府、社会、组织在大力发展社区居家养老服务、满足高龄老人照顾需求方面要着力开展

---

① 丁志宏、王莉莉：《我国居家养老中社区为老服务的均等化研究》，《社会保障研究》，2011年第3期，第10-15页。

以下工作。第一，在探索建立长期照护保险制度的过程中，优化高龄有照料需求老年人的服务流程。各地在设计长期照护制度时，应充分考虑有照料需求高龄老年人的身体状况与需求的迫切性，简化各项照护服务的需求评估流程，优化服务内容和管理标准，提高需要照料高龄老年人的社区居家养老服务的可及性，大力发展高龄老人急需的社区居家养老服务项目。如需求率较高的上门看病、康复护理、日间照料和上门做家务。第二，与各省份的高龄津贴制度相结合，在服务质量和服务价格上做到高龄老人满意和可接受。在服务质量上，居家养老服务的供给以政府购买为主，服务商的准入、过程及结果的监督也需要更多考虑，为了全面提高服务质量以及老年人的满意度，应该对服务质量和服务态度不好的供应商采取退出甚至惩戒措施。同时，对于服务价格，在市场化的基础上，实行部分政府补贴制度，让有照顾需求的高龄老人得到可接受、质量好的服务。

3. 社区养老服务存在的问题

社区养老服务作为一种新型服务模式，是对我国人口老龄化的适应性发展。它在我国的发展存在一定的优势：充分利用各种资源，降低养老成本，适合我国国情；提供多层次、开放性的服务，使老年人的需求得到满足；促进第三产业发展，提高就业率。但总体来看，我国社区居家养老的发展水平还不适应人口老龄化逐步加快的趋势，居家养老服务的连续性和服务质量都还需要不断提升。

1）老年人需求与供给方面

政府发展养老服务必须以老年人的需求为导向，优先满足老年人最迫切的需求，而不应包办一切。现实中养老服务得不到满足和服务资源闲置的矛盾普遍存在。从整体上来说，我国城乡社区养老服务发展较快，但普遍存在着供需失衡的问题。赵青（2010）认为，我国社区养老服务中存在养老资金匮乏、服务人员特别是高素质服务人员缺乏以及志愿者不足等问题。

目前我国社区居家养老服务存在着明显的不均等现象：在服务供给上，城市多于农村，东部多于中部和西部。社区养老服务的供给主要有以下特点：供给主体职责与内容尚不明确；以无偿与有偿相结合的方式提供服务；社会资本的供给难以面向城郊农村居民。另外，城郊家庭居民对以社区为依托的社会养老服务需求激增，主要有以下几个突出的特征：需求量普遍较大；需求层次相对较高；需求构成复杂。

2011年10月13日《光明日报》以《中国养老面临压力大难题多问题：夫妻需要赡养4位老人》为标题，写出了我国老年人口的现状及严峻的未来发展趋势，以及老年人口数量迅速增加带来的一系列社会难题。总体来讲，少子化、空巢化、经济压力给养老的前景蒙上了一层阴影。项丽萍（2010）认为，由于志愿者服务强调的是自愿性，主要出于民众的自愿和互助的意识，多数地区没有形成志愿者组织，导致开展社区养老助老工作难度大。赵聪锐和周玉萍（2011）认为，具备较高专业水平人员由于待遇水平低、职业认可度低等因素不愿意进入社区，这更加重了社区养老专业服务的困难程度。乔晓春（2022）依据需求层次理论，将老年人的需求分为生理和生存的需求、生活照料以及健康服务的需求，并从市场化服务以及社会支持中的公共服务角度来分析需求得到满足的程度，由此估计未满足的需求。青连斌（2022）认为虽然社会化照料服务已经进入越来越多老年人的家庭，但是"家庭照料"仍然很重要。老年人对社区上门服务的需求旺盛。王放（2008）认为，虽然社区老年人服务有了较快的发展，但与老年人的切身需求还有一定的差距。

随着社会的发展，老年人的养老需求不断增多，根据马斯洛的需求层次理论，老年人不仅追求生理需求、安全需求，更多的老年人还有社交需求、尊重和自我实现的需求，这种精神层次需求的增长也对社区养老服务的供给提出了新的要求。然而，目前我国城乡大多数社区提供养老服务仅限于满足老年人生活照料、医疗保健的需求，而且在这两方面服务的供给上社区之间也存在很大差异。总体而言，我国城乡社区养老服务需求和供给存在着明显的错位与缺位问题。

2）服务承接主体方面

首先是养老社会服务体系缺失，政府作为一把手，其作用发挥还不到位，同时对于社会团体、社区、非政府组织等的管理和组织也存在不足，政策上的支持力度明显不够。其次，我国大部分城镇社区对如何在社区居家养老中如何发挥好作用认识还不够清晰。社区对于老年人所需要的配套公共设施的供给还赶不上需求，提供的服务种类和质量还达不到令人满意的水平，社区在整个养老服务体系中的作用发挥还不到位。再次，当前养老服务人员素质较低，队伍不稳定，服务资源缺少有效整合。社区缺乏老年人社会交往的多元渠道，社区养老配套硬件设施缺失。

在具体操作过程中，社区养老也不可避免地存在一些问题。

① 财力供给缺乏，资金来源渠道单一。如果养老服务的经费主要依靠财政的支持，这将严重制约社区养老服务的持续发展。在

胡月（2012）看来，目前社区养老的资金来源主要是财政支出，同时还包括一些社会组织投资及相关项目的收费。目前我国在养老服务领域的资金投入力度还处于较低的水平。另外，资金来源的不稳定性和波动性等特点也是制约社区养老进一步发展的主要因素。巢小丽（2012）认为由于我国社区养老服务的供给绝大多数由政府承包，在资金、组织形式、组织管理制度上对政府存在依赖，从而形成了社区养老"等、靠、要"的思维惯性，造成财政支出不足—资金供给缺乏—服务水平较低—满意程度下降的恶性循环。

② 社区养老服务总体水平较低。王芝兰（2004）通过调研发现，目前我国社区服务能力还较弱，现有老年人福利设施严重不足。梁永郭、段春颖（2013）则指出，我国目前的社区养老服务体系中虽然有着丰富的服务项目和服务内容，但真正具有可操作性和实用性的项目则很少，更不用说比较专业化的项目。多数社区一般只提供一些简易性的服务设施，医疗护理及心理咨询等方面的服务项目才刚起步，居家养老的服务模式和内容亟待丰富。

③ 社区居家养老各供给主体职责不清，效率低下。王晓梅（2010）指出，我国社区养老的发展仍是自发性的，且缺乏秩序。政府和社会对社区内养老服务中心等组织的职能缺乏清晰准确认识，也导致对建设社区居家养老护理服务中心及组织缺乏重视和统筹规划。胡月（2012）认为养老服务供给各主体都还有很多需要改进的地方。首先，政府在社区养老模式中起着主导性的作用，但其作用的发挥仍有缺失。其次，社区建设比较落后且发展缓慢，导致社区的作用未得到充分有效的发挥。再次，非营利组织发展缓慢，营利性组织缺乏参与的积极性。颜琳（2012）则认为虽然我国试点并推广社区养老服务很好地缓解了老年人养老的供需矛盾，

但是也存在一些局限和问题，比如政府职责和权限的界定问题。体制机制的制定存在滞后性，法律法规不完善，缺乏规范性的文件对财政投入的负担比例、限额和各级财政的比例分摊进行规定，最终导致财政负担社区养老存在不同程度的挑战。

3）政府政策方面

2008 年全国老龄办等相关部门发布的《关于全面推进居家养老服务工作的意见》中提及居家养老服务是政府和社会借助社区的力量，为有需要的老年人提供生活照料、医疗康养以及精神慰藉等服务的养老模式是传统居家养老模式的创新与发展。2011 年《社会养老服务体系建设规划（2011—2015）》和 2017 年《"十三五"国家老龄事业发展和养老体系建设规则》都指出要建立、健全以居家养老为基础、以社区养老为依托、以机构养老为补充的医养结合的养老服务体系。

党的十八届五中全会提出"建设以居家为基础、社区为依托、机构为补充的多层次养老服务体系"。2019 年党的十九届四中全会对健全养老服务体系也提出了要求，指出要"推进居家社区机构协同发展，促进医养社养相结合"。2021 年《"十四五"国家老龄事业发展和养老服务体系规划》指出要"完善社区养老服务设施配套，充分调动社会力量参与积极性，加大国有经济对普惠养老的支持"。由此可见，推动社区居家养老发展已经成为应对老龄化现状，解决城乡养老问题的重要举措。

2021 年 11 月 24 日，中共中央、国务院发布《关于加强新时代老龄工作的意见》（以下简称《意见》），《意见》提到为有效应对我国人口老龄化，为实施积极应对人口老龄化国家战略，加强新时代老龄工作，提升广大老年人的获得感、幸福感、安全感，要以居家养老为基础提升社区养老服务能力。

2022 年,《"十四五"国家老龄事业发展和养老服务体系规划》明确,我国将加快健全居家社区机构相协调、医养康养相结合的养老服务体系,要求养老服务供给实现覆盖城乡、惠及全民、均衡合理、优质高效,促进多层次、多样化养老服务优质规范发展。

(三)机构养老

1.机构养老服务含义

在我国,政府倡议老年人根据自身的经济条件、身体状况等选择合适的养老服务。机构养老服务的定位为补充,但它依然是刚性的服务需求。我国政府在《中华人民共和国国民经济和社会发展第十二个五年规划纲要》和《老年人权益保障法》均提出了要建立和完善以居家为基础、社区为依托、机构为支撑的社会养老服务体系,机构养老服务是社会养老服务体系的重要一环。

机构养老服务是指以社会组织和市场主体为主体,充分利用社会资源,为老年人提供多样化、个性化的养老服务。它旨在满足老年人在机构中的各种养老服务需求,包括生活照料、医疗护理、康复护理、精神慰藉、社交互动和文化娱乐等方面。养老机构通过市场机制和社会资源的调动,为老年人提供全面、综合的支持和关怀,以满足他们多样化的养老需求。

国内关于机构养老的界定基本形成了共识。王德文等认为机构养老是指依托养老机构为老年人提供饮食起居、清洁卫生、生活护理、保健康复和娱乐休闲活动等综合性服务的养老方式。高岩、李玲认为机构养老是指依靠国家资助、亲人资助或老年人自助的方式，为失能及半失能老人或者活力老人提供综合性服务，机构照护可以提供全日制服务，这种照护更加全面，更加专业。

国外养老机构的分类和功能可以因国家和地区而异，但一般可以根据服务类型、居住模式和护理水平等因素进行分类，以专业老年护理机构（Nursing home/ Nursing facility）的界定最为严格，美国医疗保险管理局要求其必须满足以下条件：每个护理院至少配备 1 名注册护士，提供每周 7 天、每天 8 小时的服务时数，还须配备其他职业护理人员，如执业护士、助理护士提供每天 24 小时的照护服务。

2. 机构养老服务现状

1）机构养老服务需求方面

学者主要探讨了机构养老需求的两个问题。第一是关于老年人入住养老机构的意愿及其影响因素研究。研究发现老年人是否选择入住养老机构受个人、家庭、社会等诸多因素影响。第二是养老服务项目需求的研究。多数研究者支持老年人自强自立，鼓励老人独立完成基本生活活动，养老机构提供老人不能完成的，如医疗、护理服务等专业化服务。风笑天（2006）从应然的角度，提出独立养老理念，认为应培养老年人"自立"的养老意识。穆光宗（2008）提出了精神赡养理论，他认为传统的孝道根本上是一种以老人为本的理念，以晚辈的奉献和牺牲为前提，而这种积极的精神赡养可以帮助老年人创造属于自己的价值。

国内对于老年人机构养老服务需求的研究较多。刘同昌（2001）通过对青岛市 7642 名老人的调查，发现服务质量与收费标准是对老年人选择养老机构最重要的影响因素。此外，生活环境、居住条件和配套设施等因素对老年人的机构养老意愿产生一定程度的影响。龙书芹、风笑天（2004）调查发现，老年人的养老意愿受观念因素、经济因素和体制因素的影响和制约，任一方面有所突破和改变都能够带来养老方式的多样化选择。赵迎旭（2007）、初炜（2007）、周宇（2010）均发现经济因素是影响老年人是否选择机构养老的决定性因素，倾向于入住养老机构的多为经济条件好的老人。赵迎旭、王德文（2007）调查结果显示，近 61.6%的老年人对非家庭养老方式持赞成态度，经济状况、就业状况、生活习惯等均为老年人非家庭赡养方式的重要影响因素。韦云波（2010）在贵阳市的调查结果显示，7.2%的老年人愿意入住养老机构，其中丧偶、高龄老人倾向于选择机构养老，且入住养老机构的需求与对养老机构的了解程度有关，与子女数量无关。焦亚波（2010）在上海市长宁区的调查结果显示，老年人的生活自理能力和养老机构的性质对其养老意愿影响较大。公办养老机构凭借合理的价格和较好的服务更能吸引老人入住，然而，当生活自理能力由部分不能自理转变为严重不能自理时，选择机构养老的老年人比例有所上升。除此之外，从养老机构服务的需求方面来看，外部经济、制度原因和内部性别、年龄原因等也是影响老人是否选择机构养老的重要因素，它们之间存在内在的关联性。

2）机构养老服务供给方面

大多数机构和学者早期就以实地调研方式在不同地区调查了养老机构的基本特征、工作人员配备、服务质量等情况。

供给总量方面，国内各地区存在着较大差异。唐万琴（2009）、何文炯（2008）等对南京、浙江所有的社会养老服务机构供给情况进行了考察，发现各地老年人人均拥有的机构养老床位率偏低，且存在布局结构不合理、自我发展能力不强等问题，资源利用率远远低于国际水平。王方刃（2003）、廖敏（2006）、陈雪萍（2008）等对福州、长沙、杭州等城市的养老服务机构分布、规模以及入住率等指标进行考察，均发现机构养老供不应求的同时，资源利用率并不高，且各地养老机构入住率差别较大（高入住率可达 98%，低的不足 30%），政府和集体办养老机构入住率较高，私人办机构入住率较低（私人办普遍低于 45%）。

放眼国外，受 20 世纪 90 年代英国养老服务民营化的影响，如今英国社会养老服务已形成公共部门、非营利组织和营利组织共同提供的多元化格局，尤其是非营利组织和营利组织已成为英国最主要的社会养老服务提供者。在英国，老年人长期护理服务的主要提供者为独立的养老护理机构，社区照护主要是为老年人提供医疗、照护服务，使老年人在家中就可以得到生活照料、物质支持和综合照护等多方面、高品质的服务。据英国政府统计，目前英国的养老服务有 95%都在社区内进行，包括老年公寓、日间照护中心、老年活动中心、护理机构等设施。而在美国，25%的老年人在养老机构中去世，临终关怀服务在养老机构中得到较大发展。

3）政府补贴以及制度方面

我国高度重视养老服务业的发展。2000 年，国务院转发了民政部等部门印发《关于加快实现福利社会化的意见》，确定了社会化与普惠化的发展方向。2014 年《商务部关于推动养老服务产业发展的指导意见》指出，通过推动养老服务产业发展，建成功能完善、规模适度、覆盖城乡的养老服务产业化发展模式，形成各具特色的典型经验、先进做法和可持续、可复制的政策措施及体制机制创新成果。2020 年 2 月，国家发改委印发《养老服务体系建设中央补助激励支持实施办法》（2020 年修订版），对贯彻落实党中央、国务院关于加快发展养老服务业的决策部署，真抓实干、主动作为、成效明显的省份给予激励。2023 年，《关于机关事业单位基本养老保险省级财政补贴标准的通知》规定了机关事业单位基本养老保险省级财政补贴标准。各省级财政部门按照规定的比例提供补贴资金，用于支付机关事业单位员工的基本养老保险费用。

3. 机构养老服务存在的问题

1）机构养老服务需求与供给方面

（1）机构养老服务供给数量和质量存在不足

2023 年 10 月，民政部发布《2022 年民政事业发展统计公报》，公报显示，截至 2022 年年底，全国共有社区综合服务机构和设施 59.1 万个、社区养老服务机构和设施 34.7 万个。城市社区综合服务设施覆盖率 100%，农村社区综合服务设施覆盖率 84.6%。全国共有各类养老机构和设施 38.7 万个，养老床位合计 829.4 万张。其中，注册登记的养老机构 4.1 万个，比上年增长 1.6%，床位 518.3 万张，比上年增长 2.9%；社区养老服务机构和设施 34.7 万个，共有床位 311.1 万张。陈莉（2016）指出，高端养老院、护理院等机构养老的优势在于设施完善、服务规范，但问题在于高端养老机构数量严重不足且收费较高，同时老年人还需要精神关怀等更高等级的关怀，而机构养老不利于老年人与亲人、朋友的交流，老年人长期在养老机构生活，内心比较压抑。

（2）机构养老服务供给的结构性短缺问题突出

公立和私立养老院在供需方面均存在一定问题。公立养老院面临床位紧张、等待时间长的困境，而私立养老院则因高昂的费用让许多家庭望而却步，同时服务质量也参差不齐。这些问题反映了养老服务体系在应对日益增长的老龄化需求方面的不足，亟待通过政策调整、资源整合和服务创新等多方面努力加以解决。

机构养老市场覆盖人群存在结构性失衡。正如有的学者所描述的那样："我国的养老机构住养服务出现了一种与社会福利和社会公益法则悖行的现象：一方面是大量需要机构住养服务的介助或介护老人因支付能力不足住不进来；另一方面却是许多高收入但身体健康的自理老人占据了大量床位。"从某种程度上讲，养老服务机构的对象应该是非活力老人，是需要专业护理人员进行生活照料和医疗护理的老人，"活力老人"或者部分自理的老人建议选择居家养老或者社区养老，这也正是北京、上海等地提出的"9073""7064"设想的模式。但是由于失能老年人的照护需求大，服务层次较高，许多养老机构由于成本限制、专业护理人员不足以及监管困难等主客观原因，并不愿意或没有能力接收失能、半失能老年人。

城乡养老机构床位结构性不足的一个突出后果是有实际需要的老年人意愿无法得到满足。多项研究结果表明，由于失能老人（尤其是城市地区）家中缺乏照顾者，他们想要入住养老机构（或养老院），但这种需求往往难以得到满足。首先，老年人受传统观念的影响，他们更愿意入住社会救助之家和政府控制的公立养老机构中，很多公立养老院、福利院都存在非常严重的"床位难求"问题。

（3）养老机构定位不清、职能不明

我国养老机构在定位和职能方面存在明显的模糊性，这不仅影响了养老服务市场的正常发展，还制约了养老服务质量的提升。当前，许多养老机构既承担着基本养老服务的职责，又试图拓展其他增值服务，导致在服务内容、质量标准以及管理模式等方面缺乏明确的定位。这种定位不清的状况使得养老机构难以形成专业化、规模化的经营模式，也难以满足老年人多样化、个性化的养老需求。

养老机构的职能不明也加剧了市场发展的困境。一方面，养老机构在提供基本养老服务的同时，往往缺乏对老年人健康、精神等全方位需求的关注和满足；另一方面，养老机构在应对老龄化社会带来的挑战时，也缺乏有效的政策支持和资源整合能力。这些因素共同导致了养老机构在市场中的竞争力不足，难以吸引更多的老年人选择入住。

（4）养老机构服务内容单一，服务设施和人员水平较低

中国绝大部分养老机构以提供日常生活照料服务为主。从从业人员来看，养老机构的服务人员队伍素质低，队伍流动性较大。首先，社会工作者总数不足。目前养老服务从业人员总数只有130余万，2020—2036年总需求预计在180万~294万，缺口较大。不仅养老护理员严重短缺，医生、护士、康复师、药剂师、营养师、社工师、心理咨询师等高技术技能人才配备也均显不足。其次，目前从事此类行业的人员以女性为主，占比达81.8%。且大部分养老机构护理服务人员文化水平较低，专业技能人员缺乏，未形成一支高素质的、专业性较强的服务人员队伍。同时，工资少、工作累、社会地位低等原因造成了这些人员的流动性巨大。

在培训护工队伍方面，目前的养老机构能做的也非常有限，全国老龄办的调查数据显示，养老机构中对护工有定期培训的仅占22%，60%养老机构没有针对护工的定期培训，不定期培训的则有34%。这些问题都在很大程度上制约了高素质专业护工队伍的形

成，也影响了养老机构服务质量和服务水平的提高。

（5）老人入住养老机构支付能力不足

中国老年人的总体收入水平较低。根据人社部公布的数据显示，截至 2019 年，我国城镇职工退休人员 12 310 万人，2019 年城镇职工基本养老保险支出 49 228 亿元。这样算下来，平均每个城镇职工退休人员月退休金仅约 3335 元。因此，尽管老年人有入住养老机构的需求，但退休金有限、储蓄不足以及医疗费用的不断上涨等原因使得许多老年人的支付能力不足以支撑高昂的养老机构费用。据统计，超过六成的中低收入老年人表示，他们无法承担当前养老机构的平均费用。这不仅限制了老年人选择优质养老服务的机会，也加剧了社会养老压力。

2）服务承接主体方面

（1）机构养老服务供给主体的研究

传统养老机构的供给主体为政府，所办的养老机构都是以福利性质为主。随着经济和社会的不断发展，政府也意识到要鼓励社会团体兴办养老机构，实现多元主体协调发展的局面。潘昭佑在《城市机构养老发展区域比较研究》一文中提出"民营公助"型养老机构是目前养老机构的主要形式，而"民有民办"型养老机构则是未来养老机构的发展方向。按资金来源渠道，养老机构可以分为公办、私营、公办民营、民办公助几种形式；按照机构的性质，可以分为营利性养老机构、非营利性养老机构和福利性养老机构三种。由政府投资兴建的养老机构一般属于社会福利事业单位，该机构主要接收城市"三无"老人和农村"五保"老人；由民间资本投资兴建的养老机构，主要面向其他养老人群，进入该类养老机构需要缴纳不同水平的费用。

（2）政府和市场在机构养老供给中的角色研究

随着养老服务市场化的不断发展，市场和政府的角色定位显得尤为重要。政府应在社会福利领域不断投入资源，承担责任，继续作为直接的服务提供者，但是政府可以让消费者在服务提供者中自由选择。要想最大限度地发挥机构养老的作用，首先就需要厘清政府与市场在机构养老服务体系中的角色。

3）政府政策方面

自 2011 年以来，国务院、民政部、国家卫生健康委员会等多个部门都陆续印发了支持养老院及养老机构和建立健全养老服务综合监管制度的政策，内容涉及养老院服务质量建设、建设养老服务人才队伍、加强规划和用地保障等内容

"十二五"（2011—2015 年）时期，国家层面提出到 2015 年，每千名老年人拥有养老床位数达到 30 张；"十三五"期间，规划明确了政府运营的床位比例不超过 50%，护理型床位比例不低于30%；2019 年提出到 2022 年，养老机构护理型床位占比不低于50%，年底前培养培训 1 万名养老院院长、10 万名专/兼职老年社会工作者；"十四五"时期，根据《"十四五"规划和 2035 年远景目标纲要》，至 2025 年，全国养老机构护理型床位占比要提高到55%，届时，我国将支持 300 个左右培训疗养机构转型为普惠养老机构、1000 个左右公办养老机构增加护理型床位，支持城市依托基层医疗卫生资源建设医养结合设施。加大养老护理型人才培养力度，扩大养老机构护理型床位供给，养老机构护理型床位占比提高到 55%，更好地满足高龄失能失智老年人护理服务需求。[1]

---

① 前瞻产业研究院：《2021 年中国及 31 省市养老院行业政策汇总及解读》，https://baijiahao.baidu.com/s?id=17027760544425372852&wfr=spider&for=pc.

近年来我国出台了很多有关养老院行业的政策，可以看出目前中国正在大力推进社会福利社会化，鼓励民间资本进入养老服务市场，一定程度上有利于民办养老机构的发展。但目前由于政策扶持的力度较小、优惠政策往往难以落地等因素都在较大程度上制约了民办养老机构的发展，造成了养老服务市场上的非良性竞争，在一定程度上影响了整个养老服务市场的发展。公办养老机构在用地、资金、人员等方面都能得到国家的大力支持和优惠补贴，因此在硬、软件以及收费上对老年人及其家属都更有吸引力。

二、社会工作在养老服务体系中的现状

（一）社会工作与养老服务体系的现状概述

由于我国养老事业的发展还处于不断探索与完善的阶段，各种养老方式都存在着一定的不足，养老服务体系仍存在诸多不完善。促进养老服务体系的规范与完善依旧是未来一段时间里我国养老事业发展的一大重心。实现这个目标不仅需要政府的政策和相关资源的支持，也需要除政府外的企业、社会组织等多方主体共同参与，携手共促养老事业的健康发展，保障我国养老服务的高质量供给，让老年人老有所养、老有所乐。市场和社会组织共促养老事业的发展已成为发展大势，在为解决养老资源供给不足、发展体制机制不健全等问题上将发挥重要作用。

随着多方主体共同参与养老服务事业以及我国慈善事业自身发展的成熟，以助人自助理念为核心的社会工作作为第三方治理的重要代表也逐渐走进养老服务领域，进入人们的视野。但由于社会工作在我国发展起步晚，现阶段仍处于逐步发展的阶段。我国现在具有专业社会工作资格证的社会工作者总量较少，且社会工作在各领域的介入比例也比较低。

就目前来看，我国老年社会工作还处于起步阶段，存在诸多问题，我国老年社会工作还有很大空间可以完善。其基本现状可总结为以下几点：

1. 工作人员数量少且专业水平低

社工机构较少，社工晋升机制不完善，社工晋升渠道单一，这就造成社工工作动力不足、个人的成就感需求得不到满足，容易形成职业疲惫和懈怠的心理。在养老服务领域，根据民政部《2018 年民政事业发展统计公报》，全国持证社会工作者共计 43.9 万人。2018 年社会工作发展报告指出，截至 2018 年 11 月，全国养老机构共有 1.68 万名社会工作者。就该数据来看，在养老机构就职的专业社会工作者比例不到 4%。我国专业社会工作者在养老服务领域的参与率较低，社会工作助力养老事业的发展仍有很长的道路要走。

2. 政府投入力度不够

目前，从事老年人社会工作的工作人员几乎都不是编制内人员，收入水平低，晋升空间小，培训学习机会少。此外，由于我国关于老年人服务方面的体系制度还不够完善，专门为老年人服务的设备和公共设施较少，这对老年社会工作的发展构成了挑战。

3. 社会认可度低

在社会大众的认知中，社工职业社会地位较低，社会认可度低，薪资待遇较差，工作不稳定。目前，大家对老年社会工作者的工作职责、工作目的不甚了解，社区工作人员、老年人及其家属等都对老年社会工作者持较低的认可度。

4. 完善的体系尚未形成

政府助力不足，政府对于社工的购买服务机制有待完善，同时也缺少对社会工作服务机构的管理和对于社工薪资体系的政策支撑。对于社工的人才培养、资格认定、监督管理等还在慢慢摸索的阶段，尚未发展成熟。

虽然老年社会工作的发展存在诸多问题，但是政府在政策上还是一直在极力支持的。2014年，《关于开展以市场化方式发展养老服务产业试点的通知》发布，中央拨款24亿支持养老服务业的发展；2015年，10部联合发布《关于鼓励民间资本参与养老服务业发展的实施意见》。从政府不断出台政策、发布通知可以看出，政府已经在政策以及资金等方面大力扶持老年服务产业发展，这为老年社会工作的发展创造了良好的条件。

（二）社会工作介入养老服务体系的必要性

随着经济文化等多元的发展，社会关于养老的观点也在不断变化，老年人的需求不再局限于物质上的满足，也开始追求精神、心灵上的慰藉；家属希望自己的亲人能够在机构或者家庭中生活得开心、安全；机构追求的服务目标更趋于多元化、人性化、亲情化、人文化、精细化等。但遗憾的是，机构中的医护人员往往由于工作任务繁重，未重视这些方面，这也就更彰显了社会工作介入机构养老的必要性。

首先，社会工作具有专业优势。社会工作介入指的是将具有专业知识的社会工作者引入医养结合机构中，以利他性的服务理念为指导，遵循社会工作价值观念，利用社会工作的专业理论、方法、技巧与老年人及其他相关人员进行交流，帮助老年人排忧解难。

其次，社会工作服务内容较多，主要包含个案工作、小组工作和社区工作三大类工作方法。无论是在养老机构、养老院还是社区，社会工作者的参与可以满足老年人对"医""养"两个方面的需求，使老年人不仅能享受到养老机构的精心照料，而且能享受到专业服务。

虽然我国老年社会工作起步晚，发展的过程中也遇到很多问题，导致目前发展尚缓慢，但由于我国老年人口多，需求量庞大，老年社会工作前景较好。当下社会工作涉足养老服务领域的比例较低，但以助人自助为宗旨的社会工作在各社会服务、社会管理领域发挥的作用仍是不容忽视的。社会工作作为第三方社会组织的重要组成部分，同企业和政府共同协作，构建完善的养老服务体系也是社会发展的必然趋势。具体而言，社会组织秉持利他主义的理念开展助人活动，整合社会资源，协调社会关系，有助于和谐社会的构建。

从本源上看，社会工作与养老服务体系有着密切的关系，一是定义方面，社会工作与养老服务体系都是以人为本，关注个体与环境的互动，强调人的主体性和多元性，追求人的全面发展和社会和谐。二是发展方面，社会工作与养老服务体系都是随着社会变迁而产生、发展的，受到经济、政治、文化、科技等多重因素的影响，也反过来影响着社会的变革。三是现状方面，社会工作与养老服务体系面临着一些共同的挑战，如人口老龄化、资源不足、服务不均衡、质量不高等，也有各自的困境，如社会工作的认同危机、养老服务体系的可持续性问题等。四是影响方面，社会工作与养老服务体系间相互作用和影响，如社会工作可以为养老服务体系提供专业知识、技能和方法，帮助老年人解决问题、增强能力、提升幸福感；养老服务体系可以为社会工作提供广阔的工作领域、丰富的实践经验和有效的评估反馈。

对选择机构养老的老年人及其家属而言，社工的介入可以帮助老年人更快地适应机构环境，帮助解决基本生活问题并及时提供帮助，引导老年人开拓兴趣，投其所好，提升老年人生活的幸福感。当一名老年人选择入住养老机构后，社工首先要做的是对其进行面谈和家访，了解老人各方面的信息，包括老年人入住机构的目的、病史、精神状况、自理能力以及生活习惯、性格等；其次社工带领老年人及其家属参观养老机构，以便了解机构的外部环境和内部硬件设施；最后，根据前期了解的情况，对老年人做出相应的评估并建立个人档案。入住后，社工要做以下事情：第一，为老人提供适应情况的评估结果，目的在于帮助他们尽快适应养老机构的生活，熟悉养老机构的生活日程，可运用社工专业的小组、个案工作方法帮助老人积极融入这个大家庭，建立伙伴关系；第二，为老人做需求评估，根据老人的不同需求，为老人量身定做个案照顾计划，每次服务过后做好相应记录，这也有助于老人与社工建立专业关系，便于社工发现老人的心理变化并及时疏导；第三，利用优势视角，挖掘老人自身的潜能并根据自己所学的小组、个案等社会工作理论知识，为老人开展不同的活动。

对机构内的其他工作人员而言，社工的出现，不仅是对老年人的介入，也是对其他工作人员的介入。社工能够通过小组工作的方法，帮助老年人疏导负面情绪、缓解压力、调节心情，改善老年人心理健康，从而减轻医护人员的工作压力。

对于机构而言，社工介入养老机构，不仅可以扩展机构的服务范围、更新机构的服务方式，也有利于机构建设多元化的、综合性的养老人才队伍，使机构的管理和运营更加专业化，从而推动机构的发展。以助人自助为原则的社会工作由于其价值理念和交互作用策略，非常适合提供养老的专业性服务，作为现有养老服务的补充。总体来讲，我们要在新的社会化养老模式中寻求更加有效的解决途径。

（三）社会工作者在养老服务领域能够发挥的作用

其一，社会工作者可以扮演资源获取者、调动者的角色。对于一个专业社工来说，为了给老年人提供最好的服务，他必须详尽了解为老服务资源，明确各种资源之间的关系，使之发挥最大的作用，针对老年人实际需要开展多样性服务。比如，社工可以运用善于动员社会力量的专业优势，动员社会力量参与养老服务，如动员企事业单位、社会团体等为老年人提供人力、物力、财力等方面的支持。其次，社会工作者可通过发挥纽带作用，建立社区之间的资源共享机制，使社区养老服务资源发挥最大效用。另外，社工也可以利用个人魅力，动员个人参与到养老服务中，如安排志愿者为老年人提供劳务服务、心理及情绪支持、日常生活照顾等服务；动员低龄老人为高龄老人服务；重视非正式的邻里互助服务，为老年人提供临时性的、紧急性的帮助。

其二，社工可以充当维护者的角色。社工通过专业的方法，让老年人懂得争取更多的话语权和参与权，帮助老年人重新找回自身价值，提升权益意识。当老年人的权益受到损害时，社工应该给予必要的帮助，维护老年人权益。社会工作者可以通过举办一些专业讲座、座谈会等活动，进行老年人权益的宣传。

其三，社会工作者可以从事培训指导和监督管理的工作，通过提供专业的技能培训、指导和咨询，缓解我国养老服务领域从事人员专业素质不足、技能缺乏等问题，促进养老服务领域的高质量发展。社会工作者可以运用社会工作行政和督导的间接方法从事服务机构的管理工作，助力养老机构工作效率和服务品质的提升。社会工作者作为养老服务的实际提供者，对于养老服务的相关政策存在的不足或有待完善的地方有更深刻的认识。①

此外，社会工作在政府、企业、社区、非营利组织等养老资源供给主体之间的有效介入，可以促使中国社会化养老模式逐步走向成熟和完善。社会工作应以社会工作的专业知识联系我国当今养老事业的发展现状，但社会工作注重灵活性和针对性，社会工作介入养老服务体系也需要根据不同养老模式的特点和需要来开展具体活动，发挥不同的作用。下面将具体详细地阐述社会工作在居家养老、社区养老和机构养老三个方面发挥的作用。

1. 居家养老

目前我国的居家养老服务还存在如下问题：第一，我国居家养老服务的功能内容单一，相对于发达国家相比不太健全；服务内容缺乏专业性。第二，资源匮乏。首先体现在专业服务人员短缺，从业人员绝大多数是从事基本生活照料的家政服务人员，文化程度不高。其次，服务资金不足也是资源匮乏的重要体现，资金的供给主体主要是政府，随着我国老龄化程度的加深，仅有政府作为居家

---

① 涂传博：《发挥社工专业优势 促进社区居家养老》，《人口导报》2017 年 12 月 21 日。

养老服务的供给主体必定会资源不足，抑制居家养老服务体系的发展。最后，我国政府在居家养老服务领域的法律法规不完善。因此，社会工作通过介入居家养老服务领域应弥补现有的不足，助力居家养老服务模式的完善。社工介入居家养老应该发挥如下作用。

（1）助力丰富居家养老服务的功能，提升养老服务专业性

社会工作者介入有利于提升居家养老的专业性和科学性，让老年群体的福利在居家养老中得到有效保障，如社会工作者在服务老人的过程中利用自身具备的专业知识等，为老年人解决生活上、心理上等多方面问题。居家养老中心的护理人员一般只是关心老年人的日常起居，对老年人的心理健康缺乏关心。而老年人属于一个特殊的群体，其所处的年龄阶段特殊，其生理和心理上对于衰老过程的反应都是独特的，其心理健康应该得到足够的重视。社会工作者能够上门为老年人开展免费的心理咨询和辅导服务，用专业知识解决老年人心理上的困扰，为老年人提供全面有效的养老服务。社会工作者还可运用专业方法对老年人开展社工个案辅导，构建照护者支持小组、居家养老服务老人活动小组等，填补普通照护服务的不足，提升老年人的生活技能，培养其兴趣爱好，满足老年人多元化的服务需求，提高居家老年人的生活满意度。

（2）链接社会资源，弥补居家养老资源不足

居家养老在资源上较匮乏，要想满足居家养老老年人多元化的养老需求，提升其居家养老服务的质量水平，需要在整合已有内部资源的基础上向外部竭力争取资源，丰富服务的供给源头，缓解内部资源严重不足的压力。对此，社会工作者可以发挥其资源链接功能，在社区内部组织开展动员和宣传。对居家养老政策服务的宣传可以帮助大众认识机构养老服务并积极参与。在外部资源的链接

上，人力上社会工作者可以组织建立一些专业服务团队，动员社区内居民和大学生志愿者开展志愿服务。财力上可开展弱势群体的公益扶持捐助，组织新的服务项目的开发筹措资金，也可以通过一些有效途径为社区向政府部门争取资源。

（3）助力法律制度的完善

社会工作者是真实了解居家养老现状的一批人，他们在养老服务供给实践中对我国的居家养老法律制度有更深理解。因此，为促进居家养老事业的发展，社会工作者可以发挥倡导者的作用，积极向政府部门建言献策，促进我国养老服务体系法律制度的完善，促进养老事业的和谐发展。

总之，无论是从服务质量、服务内容还是从服务态度上，社会工作者都可以让居家养老服务实现质的提升，为居家老年人提供专业的理念和科学方法，可以提高养老行业科学化、专业化服务水平，增强老年人的价值感，发挥老年人优势资源，帮助老年人享受健康和科学的生活方式，满足老年人多样性需要，提高老年人的生活质量，实现老有所养、安度晚年。

2. 机构养老

机构养老是指通过入住养老机构或养老院等专业机构来提供养老服务的方式。在机构养老中，老年人选择离开自己的家庭，入住专门为老年人提供居住、照料和护理的机构，得到机构统一管理。家属会根据老人的需求和条件为老年人选取合适的机构，如养老机构、养老院、老年公寓等。机构养老可以提供老年人所需的各种服务，包括饮食、住宿、医疗护理、康复护理、社交活动和安全监护等。这些机构通常提供舒适的居住环境和设施，配备专业护理人员和医疗团队，以确保老年人得到全面的照顾和支持。

养老服务机构的蓬勃发展能够有效缓解社会和家庭不断增大的养老压力。随着养老需求的多元化和养老服务理念的更新，机构养老服务的功能也在不断拓展。养老机构不再局限于传统的日常护理、生活护理，而是将服务内容延伸到心理、社交等诸多方面。此时，引入社会工作帮助养老机构拓展服务内容、提高服务质量将成为机构养老发展的必然选择。此外，纵观国内外学者的研究成果，对于社会工作者介入养老的必要性，学界一致认为，在当前老龄化加剧的背景下，面对养老资源短缺带来的沉重负担，对于养老压力，不能仅仅依靠老年人家属或机构工作人员提供服务，也要集中精力寻找更多的资源和方法来减轻这个问题给社会带来的压力。

虽然社会工作能够发挥十分重要的作用，但其介入养老服务体系的比重却很低。究其原因，一方面是社会工作发展不足，另一方面是养老服务领域的相关管理者对社会工作认识不足。刘国亮在《养老机构需要社会工作者》中写道："绝大多数养老机构负责人欠缺专业理论支撑，缺少专业工作方法以及技巧的学习和专业化培训。"从目前的有关调查中也能发现，许多偏远地区养老机构负责人由于自身专业知识的缺乏，没有经过专业的培训，故对于社会工作的认识存在也不足，缺乏为养老机构引进专业社会工作者的理念。对于引进社会工作的相关机构，社会工作者从事的主要是一般的行政管理工作，社会工作者其他功能没有得到充分发挥，在解决相关问题上仍然没有发挥实质性的作用。

把机构养老方式同居家养老和社区养老相对比，其具备硬件设施相对齐全、医疗服务更便捷、日常生活照料和服务相对及时、专业，以及方便同机构其他老年人交友等优点。缺点是养老机构相对封闭，老年人远离家人和邻居，远离自己熟悉的生活环境，不能享受家庭的温馨，在养老机构生活的老年人可能会感到寂寞。此外，由于机构养老提供的是标准化的服务，对老人们实行统一管理制度，难以满足老人的个性化需求。在养老机构长期生活的老人，由于机构的封闭性和同外界的联系减弱，每天接触的不是机构的其他老人就是工作人员。与外界缺乏互动，思维与视野得不到拓展，也不利于老年人的心理健康。

社会工作在介入机构养老服务的过程中应当着力弥补机构养老现存的缺陷，促进机构养老服务体系的完善。

想要完善机构养老的服务体系，需要机构中的多方主体共同努力。社会工作介入养老机构可以针对不同主体发挥不同的作用。总的来说，社会工作在介入机构养老的过程中应发挥的作用可分为三个方面：

首先是服务对象——老年人。社会工作者能有效解决传统养老机构供给服务单一的问题，帮助改善老人的心理状况，提高他们在机构里的生活满意度。社工通过采取老年小组活动如筹划及组织老人闲暇活动、团体活动等多样化的方式提升老年人的精神生活；通过和管理者沟通以及发挥政策倡导和资源链接作用，为老人争取更多的权利。

其次是机构服务人员——护理员。在现有养老机构中，护理员队伍较为不稳定，人员素质也参差不齐。将护理员作为社会工作开展的对象具有实际意义。社会工作一方面可以通过小组工作和相关培训向护理员传授专业知识，提升其专业能力；另一方面也可以组织、开展相关的咨询活动解决护理员所面临的心理、情绪问题。

最后是机构管理者。社会工作者应该成为机构管理者与老年人之间的沟通桥梁，成为二者之间关系的"润滑剂"，同时从专业的角度为管理者制定制度、政策提供支持和参考意见，为对机构的活动提供专业理念的咨询和指导，帮助机构用科学的方法达到助老护老的目的。社会工作者致力于改善机构与老人之间的关系、通过更好地了解老人帮助机构管理者制定合理恰切的制度规范。

3. 社区养老

社区养老介于家庭养老和机构养老之间，是指利用社区资源开展养老照顾，由政府正规服务机构、社区志愿者及社会支持网络共同支撑，为有需求的老年人提供帮助和支援，使他们能在熟悉的环境中维持自己的生活。社区是城市老年人生活和日常活动的主要场所，社区养老作为一种新型的养老方式，保留了家庭养老的传统形式，整合个人、家庭、社区和社会的力量、资源，向老年人提供就近而又便利的服务，满足老年人养老的心理和物质需求，让老年人保持稳定、良好的生活状态，减轻其子女的日常照料负担，弥补机构养老的不足，能较好地解决老年居民的实际问题，顺应了人口老龄化的客观要求。社区养老是为老年人提供包括物质、设施、衣食住行以及生活照顾、医疗护理、心理保健、家政服务、文化娱乐等方面服务的一种养老模式。

这种模式结合了机构养老和居家养老的优势，得到了人们的普遍认可。此外，该养老方式还由于有利于减轻政府财政负担，减少修建养老院的费用，有利于增加就业渠道，得到了政府的大力支持，成为我国社会化养老的主要模式之一。在社区养老服务中，社会工作者除了需要发挥前文提及的在养老服务体系中的一般作用外，还应该发挥以下作用。

第一，宣传作用。社区养老作为一种新型养老方式，结合了居家养老和机构养老的优点，成为我国的主要养老方式之一，有效缓解了我国的养老压力。但由于很多居民对社区养老方式仍然认识不足、社区养老相关宣传不到位等原因，很多老年人仍然在居家养老和机构养老之间犹豫。因此，在社区居家养老服务开展之初，社会工作者就应利用其专业知识发挥宣传者的作用，通过制作印发关于社区居家养老的宣传手册、筹划相关活动、介绍宣讲等，帮助让广大居民了解社区居家养老的意义和价值，通过实地参观体验帮助居民充分了解社区居家养老的环境和服务方式，让老年人体验社区居家养老服务的便利和好处。

第二，管理作用。社会工作者应对社会工作过程进行有效控制，了解社区的具体情况、结合社区的现实，做好相关社会工作规划；同社区有关部门做好协调，协商合作提升社区养老服务。

第三，组织作用。社会工作者应该助力社区构建社区养老服务的专业化队伍。目前社区的养老服务队伍一般是由一些社区退休居民自发组建的服务队，队伍没有经过专业化的训练，缺乏专业、科学的领导指挥。这严重阻碍了社区养老服务质量的提升，也抑制了社区养老服务的发展。因此，经过专业培训的社会工作者应该在社区中承担培训专业服务队伍的责任，通过传授社会工作技术和方法，组建一支专业化的服务团队，实现社区养老服务质量的提升。

三、社会工作介入养老服务体系面临的问题与挑战

（一）社会工作介入养老服务的成效评估

1. 老年社会工作服务绩效评估指标体系的含义

老年社会工作服务绩效评估指标体系是指衡量老年社会工作

服务的质量、效果和影响，以确保服务的有效性和可持续性的评估体系，主要包括一系列反映老年社会工作服务投入、服务设计、服务过程、服务量、服务监管、服务满意度、服务社会效益以及服务提供者的资历、服务能力和服务机构的状况等指标。总体来讲，建立老年社会工作服务绩效评估指标体系是为了提高服务质量、优化资源配置、促进政策制定和改进，并增加透明度与问责制。这样的指标体系可以为老年人提供更好的社会工作服务，提升他们的生活质量和幸福感。也有利于推动老年社会工作服务的专业化发展，促进社会工作者为老年人提供更加系统和科学的服务。

国内老年社会工作服务绩效评估体系目前主要存在以下五个问题：一是缺乏一套行之有效的服务绩效评估体系，尤其缺乏对老年人的社工服务绩效评估体系；二是指标选择和权重确定困难，绩效评估主体单一，当前我国大部分老年社会工作的绩效评估主体是政府；三是数据收集和统计不完善，绩效评估公信力差，评估结果大部分缺乏应用性等（张艳华，2012）；四是缺乏独立的第三方评估机构，容易导致评估结果受到主观因素的影响，缺乏客观性和公正性；五是缺乏长期追踪和动态评估，目前很多评估工作更多只关注短期效果，缺乏对服务的长期可持续性评估。

2. 老年社会工作服务绩效评估指标体系的设计制定

1）理论建构

研究发现，国内针对老年社工服务评估指标体系的研究还没有形成统一的标准和指标体系。广东和上海等地积极探索，相继出台了关于社会工作机构、社会工作者及社会工作综合服务的考核评估办法并制定了相应的指标体系，但是仅在基础服务指标、心理社会支持指标、综合服务指标等方面有了一定的探索，并未形成一套完整系统的评估指标体系。要想建立一个全面、科学和可操作的评估指标体系，需要更多的研究和实践经验，需要各方共同努力来推动老年社会工作服务评估指标体系的发展和应用。

国外学者在社会工作服务评估的模型构建上广泛运用"3E"理论，即经济（Economy）、效率（Efficiency）与效果（Effectiveness）。经济指标关注社会工作服务的成本和资源利用情况。评估者会考察服务运行所需的经济投入，包括人力、物力和财力等资源的使用情况。经济指标的目标是确保资源的有效配置和管理，以提供经济高效的社会工作服务。效率指标关注社会工作服务提供者在运作过程中所达到的效果与资源投入之间的关系。评估者会考察服务的产出与投入之间的比例，评估服务提供者是否能够以最小的资源投入实现最大的成果。效率指标的目标是确保社会工作服务在资源利用方面的高效性。效果指标关注社会工作服务的实际成果和影响。评估者会考察服务的实际效果是否符合预期目标，以及对服务对象是否产生了积极的变化和影响。效果指标的目标是确保社会工作服务能够产生有意义和可观察的结果，对服务对象和社会产生积极的影响。

系统模型长期以来被用来协助人们理解服务项目的运作，其核心要素包括输入、过程、输出和反馈。CIPP 模型由 Stufflebeam（1983）提出，分为背景评估、输入评估、过程评估和成果评估四个要素，成果评估又划分为影响、效能、可持续性和可应用性四个阶段。[1]国外相关资料涉及政府实践以及学术研究的相关内容，有一整套指标体系的使用和评估方法，值得我们参考学习。

---

① Stufflebeam D.L. *The CIPP Model for Program Evaluation. Evaluation Models: Evaluation in Education and Human Services*. Dordrecht : Springer, 1983.

2）实地调研

实地调研主要是为了在根据理论初步建构的指标体系中加入适合地方现状的建议，主要内容包括提供服务的内容和方式、服务范围、绩效指标和目标、服务流程、服务方式、资源配置和管理、制度和政策环境以及利益相关者意见等信息。调研对象通常包括社工机构、负责政府购买服务的官员以及接受服务的老年人等。

3）老年社会工作者咨询

可以通过问卷或访谈的方式了解社会工作者的看法和意见，了解他们对每个指标相关性和可行性的建议，并根据咨询结果对指标体系进行修改和完善，以使其更加适用。

4）建立指标体系框架

通过以上三轮建构，基本形成了一套以理论为基础、以实践经验为依据的老年社会工作服务绩效评估指标体系。通过可行性研究，可以对指标体系中所涵盖内容的可行性进行研究，并寻找更多的数据搜集渠道，可以征询政府购买服务的管理人员，以了解更多的方法和建议。

经过以上步骤就可以建立起服务投入、服务过程、服务产出、服务质量和服务效果五个维度的指标体系框架。其中，服务投入是取得预期效果的基本保障，是衡量服务提供者能力的重要指标。具体的指标体系内容应该因地制宜地设计，王晔安、陶惠婕等人通过使用德尔菲法，建构起一套老年社会工作服务绩效评估指标体系。该指标体系有 5 个维度、65 项指标，有良好的参考价值和意义，如表1所示。

表 1 老年社会工作服务绩效评估指标

服务投入	服务过程	服务质量	服务产出	服务效果
服务多样性、服务可及性、工作人员	需求评估、服务计划、服务递送、申诉机制	老年人满意度，老年人得到尊重，服务对象参与，隐私权得到保护	需求评估覆盖率、需求类型、人数，受益者人数，服务类型、数量，服务场所	身体状况、经济状况、生活质量、社会交往、心理状况

（1）服务投入

服务投入主要包括服务种类、服务可及性以及员工数量。

服务的种类是评估服务提供者能力的一个重要指标，检测服务提供者是否提供了多样化的服务来满足老年人多层次、多样化的养老服务需求。

服务的可及性即服务应便于老年人及其家庭照顾者获取。该指标主要评估服务提供的地点是否遵循便民原则，设置在老年人及其家庭照顾者都容易到达的位置；服务提供的地点是否设置无障碍通道，保证交通便利；服务提供者可以通过张贴布告、电话通知或网络宣传的方式确保服务范围内的居民都能知晓服务的相关内容。

员工数量即社工机构设置合理的专业社会工作者和督导工作人员的比例。

（2）服务过程

服务过程包括需求评估、服务计划、服务递送、服务监控和评估以及申诉机制几项内容。

需求评估主要评估社工机构对辖区内全部老年人进行身体、心理、社会以及经济等方面需求评估的比例。

服务计划主要评估社工机构针对每个老年人不同的需求评估结果所做的个性化服务计划，同时对服务的优势、风险以及替代方案的成本等进行分析的比例。

服务递送主要评估服务是否递送及时、连续和协调，以及记录在案的比例。

服务监控和评估主要评估社工机构有定期监控、评估方案和记录的比例。

申诉机制主要评估社工机构有效的申诉和解决机制，并配有完整记录的比例。

（3）服务质量

服务质量包含服务对象满意度、老年人在服务过程中得到的尊重、老年人及其照顾者的参与度、知情同意以及隐私权的保护四个维度。

服务对象满意度主要评估接受服务的老年人对服务表示满意的程度。

老年人在服务过程中得到尊重主要评估社工在服务过程中是否遵循了专业价值观，以及老年人感受到尊重的程度。

老年人及其照顾者的参与度主要评估老年人及其照顾者参与服务计划制定的比例。

知情同意指标主要评估老年人及其照顾者了解相关服务内容的目的和缺陷，并参与服务全部过程的比例。

隐私权的保护主要评估服务保障老年人及其照顾者的隐私权的比例。

（4）服务产出

服务产出主要包含需求评估、需求类型/需求人数、受益者人数、服务类型/数量以及服务场所几个维度。

需求评估覆盖率主要评估进行了需求评估的老人占社区全部老人的比例。

需求类型/需求人数主要评估有需求的老人数量和比例、老年人的需求类型和数量。

受益者人数主要评估获得服务的老年人的数量和比例。

服务类型/数量主要评估老年人获得服务的类型和数量。

服务场所主要评估服务提供的场所。

（5）服务效果

服务效果主要从身体状况、经济状况、生活质量、社交需求得到满足、孤独感减轻以及服务可及性增加六个维度进行测量评估。

身体状况主要评估老年人是否有独立生活的能力，包括其健康状况、日常生活能力和娱乐能力等。主要通过能够独立居住在自家房屋的老年人比例来体现。

经济状况主要通过老年人对其经济状况的自评结果来体现，如认为自己基本需求已经得到满足的老年人比例和认为自己生活水平与周围相差不大的老年人比例等。

生活质量主要通过老年人对其生活满意度的自评结果反映。

社交需求得到满足主要评估认为自己已经获得足够社会交往的老年人的比例。

孤独感减轻主要评估表示自己孤独的感觉有所减轻的老年人比例。

服务可及性增加主要评估老年人有需求时可以快速知道如何获得相关政策信息和服务的比例。

3. 设置各项评估指标权数

设置各项指标的权数是进行绩效评估的关键，反映了评估对象满足评估主体期望的程度高低。不同的老年社会工作在运作过程中必定会有各自的侧重点，因此各维度在整个指标体系中所占的权数自然也会不同。

对各项指标进行权数赋值要以前期一系列的准备为条件和依据，需要经过实地调研考察、对老年社会工作的参与者进行访谈、对老年社会工作项目运行进行观察得出各项评估指标应在整个评估体系中所占的权数比例。在完成对各项评估指标的赋值之后，还可以对总分进行等级判定。只有这样才能更加客观和全面地评估，为老年社会工作的运行和发展提供可参考的数据和分析结果，促进行业可持续、和谐发展。

4. 老年社会工作服务绩效评估的作用

对于老年社会工作来说，评估的作用主要可以总结为以下四点：一是目标制定是否恰当，主要是衡量社会工作者的工作目的、意义是否是真正为老年人服务。二是目标是否实现，可以通过一些主客观的评价指标对目标的完成程度进行量化。三是介入的方法与技巧是否得当。社工的工作介入方法主要有个案工作、小组工作、老年社区工作三种，在不同的工作场景社工需要灵活地选择合适的工作方法。可以通过老年人的反馈来评价社工介入工作是否得当。四是社工的角色和功能是否有效。社工工作的最终目的是为老年人提供一个更好的生活环境，社工角色和功能是否有效也可以通过上述提供的具体指标进行衡量。

（二）社会工作介入养老服务的专业限制

现今参与老年社会工作的人员文化水平参差不齐，虽然不能说在工作上有质的影响，但是随着时代的发展，社会对于老年社会工作的要求必定会越来越高，文化水平及专业化层次将对服务水平产生决定性作用。

2016 年 1 月，民政部发布《老年社会工作服务指南》

（MZ/T 064—2016）推荐性行业标准，对人员资质、城市及农村的配备标准等作了详细明确的要求。其中的"人员要求"中提到老年社会工作者应至少具备以下一项资质：获得国家颁发的社会工作者职业水平证书；具备国家承认的社会工作专业专科及以上学历。养老机构、城乡社区应根据服务对象的数量、自理能力的高低、服务的类型、服务的复杂性等因素进行人员配备；城镇养老机构每 200 名老年人应配备 1 名老年社会工作者，农村养老机构可参考上述标准配备；城市社区中每 1000 名老年人应配备 1 名以上的老年社会工作者，不满 1000 人的可多个社区配备 1 名老年社会工作者，农村社区可参考上述标准配备。

老年社会工作作为一个专业的服务职业，对于从业者的专业知识有较高的要求，但是目前高校并没有设置专门的老年社会工作专业。从专业背景来看，我国的老年社会工作从业人员有的出身社会工作专业，还有一些是社会学、心理学等相关专业的人员以及没有相关学科背景的人员。

社会工作专业是社会学专业的一个应用专业。社会工作是以政府主导、社会力量广泛参与的，以哲学、社会学、心理学、医学等为学科基础，以助人自助为核心理念，以个案工作、小组工作、社区工作为直接工作方法为案主提供专业服务，帮助案主解决在与环境互动过程中所产生的各种问题，帮助案主重塑自信、走向社会正轨的一项工作。该专业培养具有基本的社会工作理论和知识，较熟练的社会调查研究技能和社会工作能力，能在民政、社会保障和卫生部门、社会组织及其他社会福利、服务和公益团体等机构从事社区发展与管理、社会服务、评估与操作等工作的高级专门人才。社会工作的服务对象包括老弱病残等弱势群体，工作范围包括提供社会救助、社会福利服务、家庭婚姻服务、医疗康复服务、心理道德辅道和基本权益维护等。在专业课程设置中，也会涉及心理学、老年社会工作、家庭社会工作、医务社会工作等。

老年学是一门独立的综合性社会科学学科，2019 年教育部批准其可设置为普通高等学校本科专业，湖南女子学院率先开办此专业。按照教育部学科门类划分，老年学属于社会学一级学科，并处于法学学科门类之下。该学科旨在培养从事老年学及相关学科教学、科研和实际管理工作的高级专业人才。老年学的学科特点主要包括多学科性、理论性、实践性和应用性。它的主要研究方向包括社会老年学、老年人口学、老年经济学和老年心理学等。

老年医学是临床医学中的一个新的分支学科，也是老年学的一个分支。它不只研究老年病，也涉及人类衰老的基础理论研究以及老年医学教育的研究，因此也被称为医学老年学，具体包括老年基础医学、老年临床医学、老年流行病学、老年预防医学（包括老年保健）及老年社会医学等。

因此，在不同的专业背景和社会实践中，社会工作介入养老服务也面临许多难点。一是养老服务需求与供给的不平衡。随着人口老龄化的加速，老年人的数量和比例不断增加，他们对养老服务的需求也越来越多样化和复杂化。然而，养老服务的供给却远远不能满足其需求，无论是数量上还是质量上都存在巨大的缺口。社会工作在养老服务中扮演着桥梁和协调者的角色，需要在有限的资源下为老年人提供最适合他们的服务，这是一项非常艰巨的任务。

二是养老服务体系与政策的不健全。目前，我国的养老服务体系还不够完善，主要依赖于家庭养老和机构养老两种模式，缺乏社区养老和居家养老等多元化的选择。同时，我国的养老服务政策也不够完善，缺乏对社会工作在养老服务中地位和作用的明确规定和支持。社会工作在养老服务中往往缺乏必要的法律保障和政策指导，也缺乏足够的资金和人力投入。

三是社会工作专业与实践的不成熟。社会工作是一门相对年轻的专业，在我国还没有形成完整的教育培训体系和职业标准。社会工作者在养老服务中需要具备专业知识、技能、态度和价值观，但目前很多从事养老服务的社会工作者并没有受过系统的专业培训，也缺乏有效的监督和评估机制约束。社会工作在养老服务中还面临着认同度低、地位低、待遇低等问题，影响了社会工作者的积极性和职业发展。

四是老年人与社会工作之间的沟通与合作障碍。社会工作在养老服务中需要与老年人建立良好的互信关系，了解他们的需求和期望，尊重他们的选择和意愿，支持他们的自主和能力，协助他们解决问题和实现目标。然而，由于老年人和社会工作者之间存在着代沟、文化差异、价值观冲突等因素，双方往往难以进行有效的沟通和合作。一些老年人对社会工作者不了解或不信任，一些老年人对社会工作者有过高或过低的期待，还有一些老年人对社会工作者有抵触或依赖的情绪，这些都给社会工作介入养老服务带来了困难和挑战。

总的来说，老年社会工作涉及的专业领域较广泛，需要医学、心理学、社会学甚至经济学等领域的人才，因此在考虑人才配置时可以搭配具备相关专业背景的人员。目前，我国的人才培养体制中，为老年社会服务行业输送人才以社会工作专业为主，以心理学、医学、社会学等专业为辅。老年学专业在我国起步较晚，但是未来一定会发挥较大的作用。在课程设置上，其实各专业的细分领域和方向有一定的重叠，比如社会工作和老年学都对医学方面比较重视，这也在一定程度上为各专业人员进入老年社会工作消除了壁垒。想要每一名从业者全方位地掌握老年社会工作的要领是不容易的，因此加强多学科的融合和合作是未来发展的趋势。同时，社会工作介入养老服务是一项有意义但也充满难点的工作。为了更好地发挥社会工作在养老服务中的作用，需要从多方面进行努力，如提高养老服务的供给和质量，完善养老服务的体系和政策，提高社会工作的专业水平和实践能力，加强社会工作者和老年人之间的沟通和合作等。只有这样，才能为老年人提供更优质、更人性化、更有效的养老服务，让他们享受幸福、尊严、有意义的晚年生活。

（三）社会工作介入养老服务的持续发展

1.我国社会工作行业现状

我国社会工作起步较晚，虽然事实上作为一个职业其早已存在，但一直得不到足够的关注和重视，直到 2004 年 7 月，社会工作者才被正式定为我国的新职业。2008 年 6 月，我国首次举行了助理社会工作师、社会工作师资格考试，报考者众多。截至 2022 年，我国在职在岗的社会工作人员大约有 100 万人。中国社会工作行业在过去几十年中经历了快速发展。[1]随着社会转型和改革开放的深化，社会问题和社会需求不断增加，对社会工作服务的需求也日益凸显。政府和社会各界对社会工作的认识和重视逐渐提高，逐步形成了一套相对完善的社会工作政策体系和法律法规。

从社会工作者的角度来说，我国社工队伍的总体特征是年龄结构较合理，整体呈年轻化趋势，为社会工作的发展奠定了良好的人才基础。但是，从业人员数量严重不足和人才培养不到位的现象较为严重。截至 2022 年年底，目前国内的状况是 1 个工作人员面

---

[1] 闫薇：《十年擘画踏征程　奋楫扬帆再向前——党的十八大以来我国社会工作发展综述》，《中国社会报》，2022 年 9 月 21 日，第 A04 版。

对 1000 名民政重点服务对象。社会工作专业的毕业生中，90%左右改行做了其他工作。中国社会工作教育协会在对 73 所有社工专业的院校进行了一次调查，结果显示：仅有 63%的高校有固定专业实习基地，每届学生实习的总天数超过一个月的占 53%，其余的实习时间在一个月之内，有的学校甚至没有安排实习时间。可见，我国对社工的培训不仅起步晚，而且缺乏培训资源和培训意识，至今仍未形成常设机制。这严重影响了社工的专业水平。

从社会工作组织的角度来看，我国社会工作组织发展空间巨大，但其生存发展仍然面临诸多困境。社会工作组织具有非营利性、自愿性与公益性等特征，具有不同于政府与企业的组织运行逻辑，有助于弥补"政府失灵"与"市场失灵"。社会工作组织的自身能力和社会服务的巨大需求二者之间存在着尖锐的矛盾。缓解这种需求与供给之间的矛盾是我国社会工作组织发展肩负的艰巨任务。社会工作组织作为新时期社会经济体制转型的重要产物，对于促进我国社会经济体制的顺利转型起着不可替代的作用。但是由于一系列原因，我国社会工作组织仍然面临很多发展困境，其中包括社会工作服务的不平衡发展、相关政策太过刚性和缺位、财政支持与社会资金严重不足、人才短缺、服务质量有待提升、社会工作法律法规和标准有待完善、组织自身定位不明确以及内部管理制度不健全等。

2. 我国养老服务行业现状

在中国，养老行业是"朝阳行业"。随着人口老龄化的加剧和家庭结构的变化，养老服务需求呈现出快速增长的趋势。政府对养老事业的重视和支持力度不断加大，出台了一系列鼓励发展养老服务的政策措施，为养老行业提供了良好的政策环境。同时，养老服务市场潜力巨大，行业发展前景广阔。养老服务的多样化和专业化也为企业提供了创新和发展的空间。随着社会对养老服务质量的要求不断提高，优质养老服务供不应求，市场需求持续旺盛。因此，养老行业具有广阔的市场空间和发展潜力，一旦中国养老服务产业供给加大，现代养老服务业就会成为我国发展新型服务业的一个增长点，带动医疗、护理、医疗器械等产业的发展，为我国经济转型提供支撑，对于投资者和企业来说是一个具有吸引力的领域。

但目前我国养老产业发展尚处于起步阶段。未富先老是当前中国养老产业发展面临的主要困境。另外，养老服务行业存在回报周期长、长期薄利的特点。国内老年消费群体受传统消费观念影响，消费能力还需要进一步刺激和提升。

养老服务的数量和质量也有待提升。部分老年人想住进养老机构，但是找不到合适的地方，或者觉得太贵，或者觉得服务质量达不到要求。不同地区、不同类型的养老机构之间也有很大的差别，有的条件好，有的条件差；有的服务好，有的服务差。另外，养老服务工作者不足。很多养老机构缺乏专业的护理人员、管理人员、服务人员等，不能提供专业的养老服务。而且，现在也没有很好的培训和激励机制，让更多的人愿意进入养老服务行业。目前养老服务的创新也不够。很多养老机构还是按照传统的方式提供养老服务，没有根据市场变化和消费升级来改进和创新。而且，也没有有效地利用新技术、新平台、新产品等来提高养老服务的效率和品质。

3. 我国老年社会工作面临的困境

我国的老年社会工作相较于国外发达国家起步较晚，在发展过程中面临着一些困境，主要表现在以下方面。

（1）学科认同度较低

2016 年 4 月，中共中央、国务院印发《国家中长期人才发展规划纲要（2010—2020 年）》，将社会工作人才队伍列为国家重点发展的六大人才队伍之一，但对于社会工作学科，社会上的认同度仍比较低。一方面，国内社会工作的岗位较少；另一方面，教育体系中对于社会工作的关注不够。相较于中国，欧美国家起步较早，通常设有独立的社会工作学院系。而在我国，社会工作专业并没有相对独立的学科地位。我国社会工作教育恢复重建始于 20 世纪 80 年代末，在我国的高等教育本科专业目录中，社会工作是一级学科社会学下的二级学科，而老年社会工作则通常仅作为社会工作专业中一个实务或研究方向而存在，并不具有相应的学科地位。

近年来，开设社会工作专业的高校渐呈增加之势，但开设老年社会工作专业的高校仍较少。中国人民大学学社会工作系为本科生开设了老年问题研究的课程，为硕士研究生开设的基础课程中有老年人社会工作；武汉大学设有社会学院；复旦大学设有社会发展与公共政策学院，开设社会工作本科和硕士专业；北京师范大学、上海师范大学开设有社会工作本科和硕士专业；华东师范大学开设有社会工作本科、硕士以及博士专业。总体来讲，在人口老龄化形势日益严峻的背景下，加强老龄科学相关学科发展很有必要。

需要注意的是，社会工作专业在中国的发展仍处于相对初级的阶段，与一些西方国家相比还有一定的差距。然而，随着社会问题和社会需求的不断增加，社会工作行业的发展将逐步加速，预计未来会有更多的高校开设社会工作专业，以满足市场对社会工作人才的需求。

（2）研究工作不足

老年社会工作是一门应用社会科学，经验对于工作的直接影响是显而易见的。实际操作对于老年社会工作至关重要。同时，作为一项专业的服务活动，理论的指导有着不可或缺的作用。目前，老年社会工作主要借用心理学、社会学和生物学等其他学科的相关理论，在一定程度上帮助老年社会工作者加深对服务对象问题的认识。然而，这些理论主要被验证为适应英美发达国家国情，我国仍然缺乏对于老年社会工作实践的本土化理论创新。同时，我国老年社会工作研究者和实务工作者之间存在分离。总体来说，对于老年社会工作来说，结合具体案例反思和总结老年社会工作理论和方法的局限性，对于提升理论水平、形成更有效的实践模式非常必要。

（3）相关政策机制有待完善

2024 年 4 月，中共中央办公厅、国务院办公厅印发《关于加强社区工作者队伍建设的意见》（以下简称《意见》），这是第一个关于加强社区工作者队伍建设的中央文件，社区工作者的重要性再次凸显。《意见》提出要用 5 年左右时间实现以下主要目标：社区工作者职业体系基本建立，能力建设不断强化，管理制度更加科学，激励保障机制愈加健全，关心关爱社区工作者氛围日益浓厚；社区工作者政治素质、履职能力、工作作风全面加强，队伍结构持续优化，收入待遇合理保障，职业认同感和自豪感切实增强，为民爱民、干事创业的精气神进一步提升。目前地方性政策法规尚有待完善。未来，各地可根据本地区具体情况，制定、完善相关法规，并指导社区工作者队伍建设，力争打造一支政治坚定、素质优良、敬业奉献、结构合理、群众满意的社区工作者队伍。

（4）财政资金投入不足，政府依赖程度较大

我国目前对老年社会工作的资金投入严重不足。一方面，政府用于购买老年服务、社工岗位及养老服务机构建设等的财政资金

缺口较大，致使老年社会工作发展速度缓慢、发展水平不高。目前存在社工服务机构对政府购买服务过于依赖甚至依附发展等问题。当前，很多社工服务机构的资金绝大多数来源于政府购买，社工服务机构过度依赖政府购买服务，缺乏整合社会资源的能力，限制了社工机构未来的发展，影响了行业的可持续发展。另一方面，该行业对于老年社会工作者专业能力要求高，加上工作强度大、薪资待遇较低，这种劳与酬的不匹配致使大量专业社会工作人才流失，成为阻滞我国老年社会工作发展步伐的重要障碍。尽管各政府部门对社会工作的认知与认同显著增强，但各系统、部门之间的有机联动尚未形成，不利于为社会工作发展营造有利环境，有待形成政府、企业、社会组织等跨部门合作，整合资源，推动社会工作发展。

（5）老年社会工作人员配置不合理

老年社会工作者是老年社会工作的主体之一。目前，我国老年社会工作者大部分没有接受过相关的专业教育或有关老年服务的知识培训，服务质量不高。此外，志愿者队伍不充足，大众参与的意识较低、缺乏积极性。如何在社会需求与高等教育培养之间做好沟通和联系是未来老年社会工作需要关注的重点。

▌社会工作介入养老服务体系

一、介入背景与理论模型

（一）现实背景

我国老年人口数量仍在不断攀升，人口老龄化程度进一步加深，老年人口高龄趋势和失能问题日渐加剧，老年慢性病覆盖人群逐渐扩大，人口老龄化形势日益严峻。随着人口老龄化的加剧，养老服务需求不断增长，养老服务成本也显著上升。经济因素是社会工作介入养老服务体系的一个重要背景。在市场经济体制下，个人和家庭往往难以承担高昂的养老服务费用，特别是对于经济困难的老年人来说。社会工作的介入可以帮助提供经济援助、养老补贴或低收入老年人的福利支持，以减轻养老服务的经济负担。

从政策角度来看，政府在应对人口老龄化和养老服务需求增长方面扮演着关键角色。社会工作可以通过与政府合作，参与制定和实施养老政策，为老年人提供全面、有效的养老服务。社会工作者可以通过参与政策研究、政策倡导以及政策实施的评估和监督，推动养老服务体系的建设和改进。

从文化因素来看，不同文化对待老年人和养老服务的态度和做法存在差异。社会工作需要考虑和尊重不同文化背景下的养老观念、价值观和实践方式，以满足老年人的多样化需求。社会工作在介入养老服务体系时，需要与家庭、社区和文化团体合作，在充分了解老年人精神文化的需求的基础上，为老年人提供支持与关怀。面对庞大的老年人口群体，特别是高龄、患病和失能的老年人口，如何有效整合健康服务资源，促进积极健康老化，成为目前中国社会面临的重要挑战。社会工作作为一门致力于改善老年群体生存状况、提高生命质量和增强社会福祉的助人专业，扮演着重要角色。然而，目前关于社会工作服务如何促进健康老龄化的研究相对有限。为了弥补这一研究不足，本书从社会工作专业的角度出发，提出一个整合型老年健康服务介入模型，即主要从居家、社区和机构三个途径介入老年社会工作，为健康老龄化战略的实施和完善提供参考。

（二）理论与模型

社会工作介入养老服务的本质是行业内容的相互嵌入。英国的嵌入性发展理论目前在我国社会工作中占据主流。在通过嵌入性发展实现专业社会工作对社会福利、社会管理、社会建设作出贡献的过程中，本土社会工作需要被改造，以更好地发挥效力。熊跃根在论述中国社会工作教育及其本土化发展时提出"体制嵌入"观，强调将专业教育嵌入现行社会服务体制之中。王思斌在对中国社会工作存在的两种样态进行分析的基础上，指出专业社会工作面临着多重结构性张力，进而提出专业社会工作将通过嵌入现有的公共服务和社会管理框架之中开展专业服务，以获得嵌入性发展。在对专业社会工作的嵌入性发展进行的专门论述中，王思斌进一步指出，社会工作恢复重建以来，其发展基本上呈现出政府主导下的专业弱自主嵌入状态，随着改革的深入和社会转型的加深，以及新的社会管理格局的逐步形成，社会工作将走向"政府—专业合作"下的深度嵌入。①

产业链嵌入模式与全产业链模式正好相对，产业链嵌入模式是企业专注服务于产业链中的一个环节，甚至成为举足轻重的一环，从而获利的商业模式。简单地说就是"用我之所长、补他人之所短"。产业链嵌入模式讲究不做大而全，只做小而专，参与到产业链当中，与上下游各类企业形成明确分工与密切合作。社会工作介入养老服务体系的本质即一种嵌入模式。本书将以社会工作嵌入养老服务体系为例，进一步具体展示社会工作介入养老服务的路径与机制。

1. 系统嵌入性理论

1944 年，美国学者 Karl Polanyi 在《大转型：我们时代的政治与经济起源》（The Great Transformation: *The Political and Economic Origins of Our Time*）中首次引入了"嵌入性"的概念，他强调"嵌入"概念是经济人类学实体主义最为重要的概念，也是人们从社会整体理解人类经济活动的基石。该概念针对的是自由主义经济学家将经济与社会割裂，并宣扬追求利益最大化的市场理性

---

① 徐选国：《从嵌入系统到嵌入生活：我国社会工作的范式转向与时代选择》，《社会工作与管理》，2019 年第 19 卷第 3 期，第 7-15 页。

为人类的天性的观点，其本质是一种社会整体论的思维，强调从社会文化的整体性来理解人类的经济活动。在这里，"嵌入性"指向是经济系统与社会系统相互包含的关系。

宏观层面，1985 年，美国新社会经济学家 Granovetter 在《经济行动和社会结构：嵌入性问题》中，重新对社会经济网络的嵌入性理论进行了阐述，使"嵌入性"的分析视角更趋近于现实并被广泛接受。与 Karl Polanyi 社会网络嵌入于经济系统的观点不同，他认为作为正常经济秩序的一种表现，经济行为总是嵌入社会系统之中，但又具备一定的自主性。同时，他提出结构嵌入性（Structural Embeddedness）和关系嵌入性（Relationall Embeddedness）两种分析框架，将嵌入性的研究视角中社会、经济系统的宏观层面引申至企业和产业的中微观层面。

2. 关系嵌入性

关系嵌入性的理论基础主要派生于社会学中的社会资本研究领域，其研究视角主要是基于双边交易质量的双向关系的强弱。Granovetter 认为，可以通过互动频率、亲密程度、持续时间和服务内容四个方面来衡量企业间关系的强度水平。强联结关系可以帮助企业间建立长期稳定的友谊关系，促进信息、物质资源的经常性交流，对企业成长有正向影响。而弱联结关系可以有效降低网络冗余关系，通过企业相互间异质化信息资源的传播，促进企业集成创新的实现，进而对企业成长产生积极作用。

3. 功能嵌入性

结合嵌入模式以及养老服务的特性，部分学者在原有嵌入式理论框架下，引进功能嵌入。社会工作嵌入养老服务体系不仅有结构和关系的嵌入，还有功能的嵌入。功能的嵌入主要指向社会工作进入养老服务体系到底能为养老提供的服务。应按照 2016 年民政部发布的《老年社会工作服务指南》（MZ/T 064-2016）行业标准[1]，将各种具体的服务落到实处，从而实现真正的功能嵌入。

二、社会工作介入居家养老服务

（一）介入的方式及切入点

发达国家的居家养老服务非常重视与社会工作的结合。各国通过政府主导、营利组织合作或引进社会工作专业人才，组建专业化的养老服务人才队伍，极大地促进了居家养老服务的发展。比如在美国，社会工作通过政府培育的非营利性社会组织与社区结合的方式介入居家养老服务，服务内容主要包括老年人日常生活照料等问题。在瑞典，养老服务机构分为国家、地区和县级三个层级，大多数社会工作者以公务员身份深入社区为老人提供专业服务。

近年来，学者们从社会工作介入居家养老服务不同方面展开了一系列研究。部分学者认为，在介入居家养老服务方面，社会工作具有专业化优势。社会工作者通过链接资源、整合养老服务资源，提供专业的老年服务，最大限度地发挥居家养老的作用，可以从家庭、社区和社会等多个方面进行优势视角为指导的介入和服务。

---

[1] 中华人民共和国民政部：《民政部发布〈社区社会工作服务指南〉行业标准》，https:// mca. gov. cn/ n152/n165/c38955/content.html.

部分学者研究了社会工作介入社区居家养老服务的内容。本书总结出以下几点：第一，从优势视角出发，社会工作者的首要任务是帮助老年人认清现实并且积极面对现实，让他们认识到年老是一个正常的生理现象，让老年人把主要的精力集中在对生活的兴趣以及爱好的培养两个方面，从而提升自己生活的信心；第二，社会工作者主要工作之一是帮助老年人挖掘自身的优势，让他们明白自己同样可以老有所为；第三，社会工作者在帮助老年人群体挖掘到自身优势后，鼓励老年人按照自己的期望去实现优势和梦想。一些中国一线城市已经开始实施社会工作介入居家养老，并且取得了令人满意的成果。其他城市也随之逐渐着手社会参与居家养老的实践。

（二）案 例

1. 山东省 J 市 S 社工机构介入居家养老服务现状

政府为缓解居家养老服务存在的问题，出台了相关政策鼓励多方主体参与居家养老服务，包括《民政部 财政部关于政府购买社会工作服务的指导意见》（2012）、《民政部关于进一步加快推进民办社会工作服务机构发展的意见》（2014）、《山东省人民政府办公厅关于印发齐鲁和谐使者选拔管理办法的通知》（鲁政办字〔2015〕251 号）、《山东省"十三五"人才发展规划》（鲁发办〔2016〕34 号）等。

从政府养老服务供给的角度来看，截至 2017 年，山东省 J 市共有日间照料中心 178 家、社区居委会 380 个，其覆盖率仅有46.8%。

山东省居家养老服务供需错位以及居家养老服务人员专业性

不足且人手严重短缺的问题显著。这也使社工机构介入居家养老服务的现实需求更为迫切。目前J市的社工机构介入居家养老服务都通过政府购买社会工作服务项目的方式运行。从服务的购买到实施是一个多方主体参与的过程，且各参与主体之间呈现出一种持续互动的关系（如图1所示）。

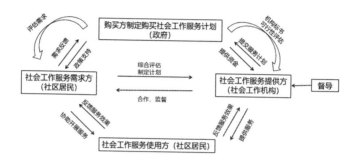

图1 政府购买服务互动关系图

2. S机构介入居家养老服务的实践

2018年，S社工机构共6个项目点根据各自服务对象的特点和需求，按照个案工作、小组工作、社区工作的三大社会工作方法制定项目的各类服务内容，包括生活照料服务、医疗保健服务、学习教育服务以及文化娱乐服务四个方面。

生活照料服务方面，S社工机构通过社工入户、志愿者探访等方式提供基本生活帮助，改善居家环境并增加老年人便利设施。该机构为不便行动的老人提供上门理发、节假日送慰问品、陪诊服务、代购服务等，并协助老人办理综合养老中心就诊卡。此外，该机构还与社区内外资源合作，排查老人居住环境中的电路电器老化和排水系统等安全隐患，并为行动不便的老年人安装便利设施。

医疗保健方面，S社工机构提供全方位的服务。直接服务方面，他们与社区范围内的医疗机构合作，为老年人提供义诊活动，包括常规身体检查、口腔和爱眼等。间接服务方面，他们为社区老年人提供健康保健知识讲座，如健康大讲堂系列课程等，内容涵盖了日常健康护理、高血压防治、应急救援、口腔健康、膳食营养等。

学习教育服务方面，S社工机构致力于为老年人提供学习教育机会，促进其继续社会化，如开设现代通信工具学习小组，教授老人有关智能手机、微信、邮箱的使用，网络购物以及识别电信诈骗和网络谣言等。此外，机构还组建和培育老年志愿者队伍，根据志愿者的特长进行分类，并为他们提供专业培训，同时表彰做出贡献的老年志愿者们。

文化娱乐服务方面，S社工机构通过小组和社区活动为社区老年人提供文化娱乐。组建各类兴趣小组，开展手工制作、健身活动、乐器、音乐、舞蹈等活动。此外，该机构还根据传统节日文化习俗开展相应的节日饮食制作、传统手工品制作和文化会演等活动。一些机构还提供社区电影院、趣味运动会和消夏晚会等活动。

（案例来源：王薪茹.社会工作介入居家养老服务研究[D].济南：山东大学，2019.）

总的来说，S社工机构通过嵌入居家养老服务，成功地为老年人提供了全方位、个性化的服务。这些服务不仅满足了老年人的基本生活需求，还关注了他们的身心健康和精神文化需求，有效地提高了老年人的生活质量和幸福感。

三、社会工作介入社区养老服务

（一）介入的方式及切入点

1. 宏观层面——政府与各参与主体

政府在社会工作方面加大了支持力度，旨在提高社会工作的知晓度和接受度。政府通过连续出台多项与社会工作发展相关的指导性文件来支持该领域。政府可以加快社会工作法治建设，通过立法引导和完善社会工作行业标准、准入标准，规范社会工作的运行市场，还可以制定严格的人才资格认证标准。政府在社会工作中的主导作用还体现在宣传引导方面。在专业发展中，政府应该紧跟政策步伐，通过传统媒体和新兴媒体相结合的方式进行宣传，提高社会工作的知晓度和接受度。社会工作者的专业能力直接影响到服务质量和社会工作专业发展。政府要加强对社会工作人才的专业能力培养，例如建立更多的社会工作专业学校，提供相关专业培训和认证机制。同时，政府还加强对社区志愿者队伍的建设，组建稳定的志愿服务队伍，并提供培训和督导，以确保志愿者的专业性和服务质量。

2. 微观层面——社会工作者层面

协调与社区工作方面的联系是社会工作者进入社区工作的重要环节。首先，工作者需要与社区工作人员进行充分的对接，明确工作内容、配合需求等方面的信息交流。同时，了解社区的基本信息和居民情况有助于提高工作的针对性和建立良好的专业关系。在设计服务计划时，要考虑社区的日常工作，并确保服务活动不会干扰社区的正常运作。

另外，社会工作者要不断加强服务意识和服务能力的建设。他们的服务水平直接影响居民对社会工作的评价。为此，社会工作者需要持续自我反省，提升专业理论知识和服务意识，不断学习，与时俱进，并将所学应用于实践，为社区提供高质量的服务。

社会工作督导也至关重要。督导工作可以帮助社会工作者减轻工作压力，提升工作技能，并提供心理与技术支持。特别是在与弱势群体接触的工作中，社会工作者可能承受着较大的心理负担，及时的督导能够帮助他们应对挑战，保持健康状态，提高工作质量。

（二）案 例

1. Y 社区基本情况

Y 社区位于合肥市逍遥津，属于合肥市老城区，总面积约 0.16 平方千米，辖区内固定居民 1435 户，常住 3674 人、暂住人口 484 人，低保户 19 户 28 人，残疾人数 40 人。Y 社区内 60 周岁以上的老年人有 256 名。

2. 社会工作介入 Y 社区养老服务问题分析

目前 Y 社区社会工作介入主要存在以下问题：

社区中专业介入的人员数量不足，且服务专业性有所欠缺。目前尚未建立专门的社会工作机构，社区内的社会工作者大多来自社会招聘或高校社工专业实习生。常驻社工仅 1 人，而实习生在完成 3 个月的实习后就会离开，这在社会工作专业服务提供方面显然是不足的。

此外，社工介入的程度也稍显不足，无法满足社区内老年群体的养老需求。社工主要在社区服务中心、街道办和一些公办养老机构开展工作，但由于社工人员数量有限且行政工作繁忙，他们很少有时间关注老年群体的精神需求。

现有的社会工作服务难以满足老年人的需求。目前社区内的社工普遍对老人的情况了解不足，对老人的需求重视程度不够。将社会工作者更多地视为办公室和行政人员而非服务者这种观念偏差导致社会工作者的优势作用未能得到发挥，他们往往忽视了老人的真实需求。例如，社区活动策划很少考虑老年人的因素，针对失能失智老年人的活动非常有限。久而久之，他们内心感到孤独感逐渐加深进一步，增加了社区养老问题的解决难度。

目前社区开展的活动主要是文艺演出和一些简单的娱乐游戏，虽然在一定程度上能够丰富老人的精神生活，但长期下来仍然会让老人感到厌倦，失去参与的积极性。在社区开展的助老活动中，社会工作为社区老人开展的日常养老活动如麻将等也相对简单，缺乏创新性，也难以吸引多数老人参与进来。同时，因为老年群体需求多样化，社会工作者受限于个人能力，很多时候并不能提供具有针对性的行之有效的服务。对于失能、失智、半自理或不能自理的老人来说，他们最需要的是康复护理和参与社会交往、沟通交流，但目前很难得到满足。

社区领导层对社会工作专业理念的了解不足，导致一些小型养老院和日间照料场所对社工工作一无所知。这些机构的服务内容简单，服务水平低下，老年人的生活质量也受到影响。即使在与社区对口的大型机构内，虽然服务提供相对完善，但非专业的社工介入仍然存在。

缺少必要的资金支持，社会工作服务评估机制不健全。社区在老年活动举办、器材购置、人才引进和专业服务提供方面受到资金限制，无法充分开展相关工作。机构由于财务紧张，护理员和护士的薪资待遇补贴低于正常企业水平。财务上的限制也阻碍了社会工作相关配套服务的开展，使得专业社会工作难以在社区老年群体中进行。

在向社区老人提供专业服务时，缺乏社会工作的专业规范和相应的服务评价体系，只能通过较为主观的方式对服务效果进行评价。此外，社区对现有社工和实习生的工作标准没有明确的规范，缺乏对社会工作专业的了解，社工的实际工作内容可能与专业规范相差甚远。

社工人才队伍建设存在问题。由于社区服务中心的单位性质，社工在待遇上相对稳定，起伏不大。社工的薪酬与服务质量没有直接关联，缺乏有效的激励机制。这种情况可能导致社工工作消极情绪的出现，影响其自身优势的有效发挥。因此在招聘过程中，由于待遇不理想，很难招聘到合适的社工人才。

在人才储备方面，本社区同安徽大学社会与政治学院签订了专业实习合同，成为该学院社工专业的实习基地。然而，由于社工行业的福利待遇和优惠政策等方面不够完善，许多毕业生选择跳槽或转行，导致社会工作人才队伍建设困难，专业发展相对滞后。尽管社会工作作为一门行之有效的社会科学逐渐为更多人所了解，但在实际就业中仍存在薪酬待遇差、社会地位低、职业对应岗位少的问题。

3. 社会工作介入 Y 社区养老服务的途径

社会工作的老年个案工作介入在社区养老服务水平提高上能起着非常重要的作用。社会工作介入社区养老服务的过程是将社会工作价值观转化为实践行动，以实现助人目标。社区养老服务中的社会工作介入应基于老年群体的个体差异，将差异个体组织为差异群体，并根据不同需求灵活运用社会工作方法。具体可以采取以下几种方式：

一是开展社区老年个案工作。社会工作者针对老年人个体或其家庭提供物质和情感支持，旨在改善老年人当前的生活环境，提高他们的社会参与能力，并帮助他们培养更好地应对问题的能力。作为特殊群体，他们的心理活动比其他年龄段的人更复杂，对外界刺激更敏感。因此，开展老年个案工作要求社工向老年人个体提供一对一的服务，主要包括确保老年人基本物质生活、安抚心理情绪、提供临终关怀等方面。

二是开展社区老年小组工作。社工将社区老年人按照各自的特点进行分类，有针对性地组织小组活动。通过基于性格特点和兴趣爱好的组合，老人们在小组中有更多共同的话题，产生更多互动和交流，缓解了他们原本的孤独感。丰富多彩的生活让老人们获得更多快乐和满足，小组成员之间的亲密关系丰富了他们的社会关系网络，让他们重新融入新的社会关系，满足了他们的生活和情感需求。在开展老年小组活动时，社工需要充分考虑参与活动的老年人的生活背景、当前的身体和精神状况，以及他们主要面临的需求和参与活动的目的。在综合考虑这些因素的前提下，社工将小组进行细分，并在成员招募、分组和活动流程上体现不同类型的差异。活动形式和内容应简单易懂、富有趣味性，使老人们愿意积极参与，并期待下次活动。

三是开展老年社区工作。社工鼓励老年人积极参与社区活动，有效利用社区资源，以满足自身的正常需求。老年社区工作对于解决老年人的孤寂感和提高社会参与感非常重要。在开展老年社区工作时，社工首先要与社区领导建立良好关系，在了解老年人的兴趣爱好和实际需求后，结合现有资源展开社区工作。在开展老年社区工作的过程中，社工要充分考虑老年人自身的资源，包括其家人、亲戚和朋友等，引导他们不仅关注老年人的物质需求，也关注老年人的情感需求。在必要时，社工可以组织老年互助小组，为生活难以自理的老年人提供协助。

4. 社会工作在 Y 社区养老服务的介入途径

在社区养老服务事业中，社会工作者主要通过扮演服务提供者、关系协调者、资源链接者、教育培训者等角色来充分发挥自身的优势作用。在服务提供的过程中，社会工作者往往需要扮演多重角色。下面对社会工作者在养老服务中主要扮演的角色进行分析，具体研究其在服务过程中发挥的优势作用。

作为服务提供者，社会工作者主要关注那些因外界或自身因素导致情绪问题、需求未能得到满足的老年人。社会工作者不仅要提供情绪疏导和精神抚慰，还要结合老年人的生活环境，为他们创造良好的居住环境。社会工作者可运用个案和小组工作方法，帮助老年人稳定心理情绪、缓解焦虑，解决心理问题，并联系老年人自身的社会支持网络，帮助他们增强社会联系，提高社会参与能力，必要时提供临终关怀服务。

社会工作者在社区中还担任着关系协调者的角色。他们协调老年人与老年人、老年人与机构、老年人与社区、老年人与社会组织之间的关系。通过协调社区内各个系统之间的关系，社会工作者能够充分挖掘各方资源优势，减少因沟通不畅导致的矛盾和疏离，使社区更好地为老年人提供养老服务，确保各组织系统之间的良性运行。

社会工作者还扮演着资源链接者的角色，将社区内的老年人与各种资源相链接，为老年人提供信息和引导，帮助他们获取所需的服务和支持。社会工作者还可以担任教育培训者的角色，为社区内的养老机构提供专业技能培训，传授养老服务知识和社会工作的核心价值理念，提升整个社区的养老服务水平。

此外，社会工作者还扮演着倡导者、行政管理者、政策建议者等相关角色，这说明专业社会工作者介入养老服务中能够产生重要的优势影响和作用。以下是社会工作在 Y 社区养老服务中的具体介入途径：

一是加强社会工作宣传工作。通过社区报纸和其他媒体的报道，详细介绍社会工作的性质和专业意义，突出社工活动的专业性，并在更广泛的专业报刊上进行宣传。在社区的微信公众号等网络平台上加大对社会工作的宣传，推送关于社会工作基础知识、特色服务内容和优秀活动的信息，并在社区各组织微信群内进行转发，加深居民对社会工作的认识。

二是联合举办宣传活动。社会工作应经常与社区居委会、街道办等组织合作，举办与社会工作服务相关的宣传活动。通过这些宣传活动和实际的惠民助民活动，逐步在社区内形成"有困难找社工"的文化氛围。

三是细化社会工作的服务内容，扩大服务领域。针对亚健康老人的疾病防控也很重要。例如，可提高在社区内举办健康讲座的频率，进行入户拜访等工作。此外，社工不仅为健康老年人组织活动，还应考虑为半自理和不能自理的老年人提供适当的活动，这样也能为社区内半自理和不能自理的老人提供有针对性的服务。例如，将康复训练与小组活动结合起来，以提高患者锻炼的积极性，使康复训练更具活力，增强锻炼效果。社工还应督促社区购置专业的康复器材，协助患者进行专业康复，并在康复阶段缓解老年人因身体不便而带来的心理压力。

四是提高社工薪酬待遇，完善社工人才引进与培养机制。如果社会工作者收入过低，就无法提供理想的养老服务。在生活成本较高的城市中，社工的收入难以满足正常的生活需求，这已成为影响社工人才留下的重要因素。根据赫兹伯格的双因素理论，工资待遇属于保健因素，可以在员工缺乏工作满足感时保持员工不离职。因此，通过提高社工的待遇，可以在一定程度上缓解社工人才短缺问题。社区应建立完善的社工人才激励机制，解决社工的后顾之忧，以稳定社工人才。社区养老服务应通过培训、督导和评估来完善社工人才的管理机制。社区还应关注社工人才的引进，加强养老社会工作骨干的培训，发挥骨干的领导和模范作用，提高社会工作在养老服务方面的专业水平。

五是增强社工的专业素养，完善社工服务规范与评估机制。尽力留住那些专业知识牢固、实践能力强的优秀学生，不断提高社区社工人才队伍的整体素养。在社会工作专业管理方面要注重完善社会工作服务体系，根据社区实际情况制定符合当前服务形势的规范体系，建立合理有效的社工服务评估机制，将过程评估、结果评估、成效评估统一到社工的服务评估当中。通过对社区社工专业知识技能的强化、专业素养的提升，打造一支与社区养老理念相契合的专业人才队伍，推动社区养老服务实现跨越式发展。

六是实行政策引导，社会协同，整合各方面资源。政府在推进社会工作机构专业化、规范化过程中，应采取有效的政策举措进行扶持。在养老进程推进中，政府应发挥监督作用并提供必要帮助，加大对社会工作机构的扶持力度，确保其顺利开展专业养老服务，进一步提升政府的社会管理水平。

社区养老服务的稳定有序运行离不开多方资源支持。加大对社会资源的整合力度对于社区养老服务同样具有重要意义。在养老服务发展中，资金问题是最重要的一环。完全依靠政府的财政补贴可能导致服务提供紧缺，影响效率。因此，应积极动员社会各方力量投入养老服务事业，例如社区社会工作者组织公益募捐活动，主动与社会公益组织联系以获取资源链接。

（案例来源：刘敏.社会工作介入社区居家养老服务模式研究——基于合肥市 X 居家养老服务中心的实证研究[D].合肥：安徽大学，2018.）

本案例深入介绍了社会工作如何嵌入社区养老服务，合肥市 Y 社区通过开展社区老年个案工作、小组工作等方式，使社会工作能够有效地融入社区养老服务体系，提升服务的专业性和有效性，满足老年人的多元化需求。

四、社会工作介入机构养老服务

（一）介入的方式及切入点

机构养老存在的必要性一方面来自空巢家庭的不断增加，子女因为工作等原因很难长期照顾父母；另一方面，机构养老对于失去部分自理能力、完全失去自理能力的老人尤其重要，机构中的无障碍设施、护工专业护理等都是家庭养老所不具备的优势。目前福利养老机构中，社会工作的渗入主要还停留在边缘性、表面性及依附式为主的层面。专业社会工作在福利机构中嵌入式发展的路径探索包括以下几个方面。

一是政策支持，制度保障。促进社会工作的职业化和专业化涉及多方面要素，包括社会责任、职业定位、岗位设置、资格认定、组织制度、激励措施、评价体系和职业声望。这需要政策的支持和制度化的保障。社会工作的专业化强调专业知识在特定社会领域的应用，而社会工作职业化的核心是建立、健全的社会工作教育体系并应用。政府在人事制度改革中可以设置专业社工岗位来推动社会工作职业化、专业化发展。

二是加强社会工作的宣传和普及，让更多人了解社会工作的内涵、价值和意义。通过举办讲座、研讨会、公益活动等形式，向公众展示社会工作者在各个领域所取得的成果和贡献，提升社会对社会工作的认知度和认可度；建立健全社会工作职业评价体系，对社会工作者的专业水平和服务质量进行客观评价，增强公众对社会工作的信任感；加强与其他领域的合作与联动，形成全社会共同关注和支持社会工作的良好氛围。

三是转变思路，职能转化。评价专业社工的嵌入效应时，主要是从社会工作的服务能力以及政府、社会对服务的要求出发，这表明社会工作的嵌入基础在于政府给予的让渡空间，具有明显的政府依赖性。随着社会管理创新推进，政府及相关福利单位会逐步将更多空间让渡给专业社工服务。这一趋势将为社会工作者在福利养老机构中获得自主嵌入型发展提供基础。

四是人才配置和专业培训。社会工作者可以加强老年社会工作专业人才的配置，确保每个养老机构都有专业社会工作者的参与。他们可以提供专业的养老服务，关注老人的需求和福祉，并通过不断的培训提升自身的专业技能。

五是资源整合和优化利用。社会工作者可以挖掘机构的潜在优势和资源并充分利用，以推动机构服务向专业化方向发展。他们可以与其他社会组织和机构合作，整合社区资源，提供更全面和多元化的养老服务。社会工作者需要打破专业的神话，摒弃"专业社会工作应该是什么样的""应该有怎样的环境"的观念，而是对政府要求、现实环境和社会需要主动适应。

通过以上方式和切入点，社会工作者可以有效介入机构养老服务，提供专业化、个性化和优质的服务，提高养老服务的质量和水平。

（二）案 例

1. 河南省 Z 市 K 托老院发展现状

Z 市位于河南省中南部，截至 2020 年年底，Z 市的常住人口为 700.8 万人，其中 60 岁及以上人口约占 19.8%，65 岁及以上的人口约占 15.72%，Z 市人口数量大，老龄化进程不断加快。K 托老院于 1999 年 9 月 9 日经市民政部门批准的，坐落在风景秀丽的南郊森林公园北侧，占地总面积 7068 平方米，交通十分便利，环境幽静。

2. 社会工作对于机构养老服务的介入实践

第一，社会工作专业理念的介入。社会工作是通过专业社会工作者的努力帮助，利用社会工作的工作方法和技巧，为存在问题的老人解决问题、脱出窘境，并且让更多的老人晚年生活愉快的专业服务活动。

第二，个案工作方法的应用。工作人员在 K 托老院实施社会工作方法的过程中，充当了很多不一样的角色；除了为养老院的老年人提供服务外，还对养老院的服务人员进行专业化培训，提升工作人员的服务水平和能力，从而提高老年人在养老院中的生活质量。

3. 个案工作方法具体实践

案主王爷爷，73 岁，患有脑血管疾病，育有一儿一女。王爷爷目前已在养老院住了一年左右。在进入 K 托老院之前，王爷爷根据两个孩子的实际情况，不定期在其中一家居住。虽然住在孩子家里，但是孩子岁数也大了，还有下一代需要照顾，经常不能够满足王爷爷陪伴的需求。王爷爷因此感觉很孤单，无奈之下，只好同意入住 K 托老院。

在和王爷爷接触之后，托老院发现老人存在几个问题：一是观念方面，王爷爷的养老观念比较保守，内心比较渴望儿女常伴身边；二是生理方面，王爷爷身体不好；三是家庭方面，家属对王爷爷关怀不够。此个案情况，需要个案工作的介入来为王爷爷提供服务，主要利用心理咨询和康复的方法。总体目标是使案主能够在 K

托老院度过愉快的老年生活。具体目标是使王爷爷恢复健康正向的心理健康状态，发现生活之中的乐趣；帮助其改善身体状况；让其多与家人团聚。通过确定目标，筹划具体计划：与王爷爷面谈，获知其需求；与护理工作人员一起分析原因，找到症结，对症下药；灌输正面积极的思想，从心理层面实施帮助；与其家属沟通，多关心老人。

针对 K 托老院内养老服务存在的各种问题，应充分利用社区社会工作方法的优点。首先，培训社区内部的社会工作者。K 托老院十分缺乏专业的护理人才，社区要支持其服务人员培训事业的开展。社区可以组织志愿者不定时地前往 K 托老院和老年人聊天，舒缓心情。其次，开展适宜老年人参加的文化娱乐活动。联合社区管理委员会、养老院管理人员开展安慰老年人精神文化需求的项目，如围棋比赛、看电影、欣赏经典音乐、读书会、吹拉弹唱等，既可以增加他们的乐趣，还能改善老人们的身体状况，让他们的晚年生活更加幸福和快乐。

4. 完善社会工作方法介入机构养老服务的建议

一是增强社会工作人员的专业能力。很多社会工作者拥有较丰富的工作经验，却没有接受过社会工作专业理念方面的培训。应完善机构内部的社会工作服务机制，同时进一步从细节和技巧上完善社会工作方法，比如社会工作者培训制度、内部评估制度等。

二是明确社会工作者的岗位性质，完善薪酬标准。社会工作是一门特殊的专业。养老机构内部需要界定社会工作者的工作方法和工作内容，可以引入绩效考核的概念，使一部分工作标准得到量化，在此基础上可以在机构内部建立一套激励机制。机构管理者需要进一步界定社会工作内容和工作性质，完善社会工作者工资报酬标准，引进和培养更多的社会工作方面的人才。

三是争取多方的支持和参与。大多数养老机构非常缺乏社会各界的支持和帮助，无论是资金方面还是人员方面，专业技术支持就更无从谈起。在社会工作理念和社会工作方法介入的过程中，社会工作者往往扮演着不止一种角色，政府和财政部门、医疗卫生部门和社会志愿者都应该提供自己的一些资源和支持。

[案例来源：王勇超.机构养老服务中社会工作方法介入[J].经济研究导刊.2019（10）.]

本案例深入介绍了河南省 Z 市 K 托老院如何在机构养老服务中介入社会工作。实际的实践过程中，社会工作方法的介入有助于提升机构养老服务的专业性和人性化水平，更好地满足老年人的多元化需求。

▌ 社会工作介入养老服务的工作方法

社会工作介入养老服务的工作方法包括个案工作方法、小组工作方法以及老年社区工作三大方法，主要是运用专业知识和技巧，为老年人提供物质帮助和情感支持，解决他们的人际交往问题和环境适应问题。这有助于老年人减轻压力、解决问题，达到更好的生活状态。另外，可通过专业的小组活动，帮助老人获得其他成员的生理和心理上的支持，在活动中发展社会支持网络，提高他们的交往能力，培养积极的生活态度，有效处理人际关系和提高环境适应能力。

一、养老服务中的个案工作方法

（一）老年个案工作概述

老年个案工作即对老年人开展一对一的帮扶指导。当老年人的身体及心理面临问题时，社会工作者可以利用自身专业优势帮助老人解决困难、排解焦虑、化解矛盾，让老年人可以安享晚年幸福时光。老年个案工作需要社会工作者与老年人个体或家庭建立专门帮助关系，从而解决老年人可能面临的身心健康、社会适应、经济等方面的困难。社会工作者通过评估老年个案的需求，制定个性化的服务计划，协助老年人应对各种挑战，提供支持和指导，以改善他们的生活质量。老年个案管理强调个别化、综合性和持续性，旨在全面关注老年人的需求，并提供跨学科的服务，以确保他们得到全面的关怀。

老年个案工作方法是养老服务中社会工作介入的主要方法之一。如在为患病的老年人提供服务时，既要帮助他们解决身体疾病，又要关注他们的心理、精神，这些可能涉及个人隐私，因此需要一对一服务。个案工作的开展可以帮助解决老年人的孤独和自我表达问题，使他们在心理上感到舒适和自在，有机会充分表达自己的内心想法，从而为社会工作者提供更准确地了解服务对象需求的机会。个案工作的优势在于针对不同的服务对象能够实现有针对性的养老服务，使老年人在心理上重新认识自己，丰富内心世界，以及处理与年轻人之间可能存在的矛盾和冲突。社会工作通过个案工作方法可以有效地帮助老年人解决这些问题，提供心理上的支持，让他们对生活充满信心，拥有更快乐的生活。

（二）老年个案工作基本原则

1. 从价值观上尊重并接受老人

接纳原则是指不论老年人的社会地位、背景、信仰和身体状况如何，社会工作者都能以包容、尊重和理解的态度同等对待。这一原则强调不歧视、不排斥，接纳老年人的多样性和个体差异，努力创造一个让老年人感到被尊重和被理解的环境。接纳原则也涵盖了以平等、包容和尊重的态度对待老年人，致力于帮助他们保持尊严，实现自我价值。

2. 个别化原则

个别化原则要求社会工作者正视每一位案主生理、心理上的独特性，不能简单地用一个标签或者根据自己的刻板经验对待案主及案主的问题，而是要充分尊重案主的独特性、差异性，为案主提供针对性、个性化的服务。

对老年人进行个案辅导时，虽然老年人有共同的特征，但每个老年人的生活环境、生理心理特点、适应能力、自我表达的方式等都不尽相同。因此，首先要对老年案主的生理、心理特征及状况做全面的了解，只有在了解和体会老年人的阶段性特征后，才能充分把握老年人这个群体的特殊需求，并且根据老年人的需求提供个别化服务。

3. 让老年案主自我选择、自我决定

每一位案主都是一个独立的个体，拥有自我决定的权利，社会工作者只能承担引导的工作，而不能将自己的决定强加于案主。在工作过程中，让案主充分参与可以帮助其学习进步，减少依赖，增强自信。虽然老年案主可能会因各方面能力下降而产生较强依赖，但这并不意味着他们失去了自主权和决定权。社会工作者有必要支持和鼓励老年人继续成为自己命运的主人，引导他们积极参与服务计划的制定和实施，让他们自己做选择，充分调动他们的自主权和主动性。当案主缺乏行动能力或因心智障碍等原因无法正常参与做决定的过程时，工作者应该根据实际情况，站在案主的角度谨慎地限制案主的决定权。

4.理解关怀的原则

社会工作尤其是和老年人接触的工作需要工作者的充分理解和真诚关切，社会工作者要和案主建立相互依赖关系。如果沟通过程中只是例行公事般问答，对案主的倾诉无动于衷、置身事外，便无法取得其信任，不能达到工作的目的。如果工作者能够用自己的语言和行为展示出对性格内向、寡言少语的案主处境的关心，与案主取得情感上的共鸣，无疑对自身的工作和案主处境的改善都有好处。

5.保密原则

保密原则是一个专业社会工作者必须遵循的原则，指社会工作者对工作中所获得的关于案主的个人信息和隐进行保密。这意味着社会工作者在与案主合作的过程中要遵守保密承诺，不将个人信息泄露给未经授权的个人或机构。这是建立与案主相互信任的前提，让案主安全放心地与社会工作者分享他们的问题和困扰。在遵守这一原则时，社会工作者也要意识到，工作过程中可能需要与其他相关人员共同讨论，或者按照法律规定透露相关信息，因此，保密是相对的。

6.自我控制原则

自我控制的原则要求社会工作者在助人过程中保持"专业自我"，避免个人感情色彩的介入。在服务期间，社会工作者应始终保持理性，以专业的视角帮助解决问题，并避免对案主的行为进行评判。

（三）老年个案工作基本程序

尽管对不同个案的具体处理方式不同，但是通过理论和实践的结合，个案工作形成了一套基本程序。但这并不意味着要去刻板地使用这套程序，针对不同案主，程序可能会有所差异。基本程序只是帮助社会工作者理清个案工作流程，工作起来条理清晰。以下将简单介绍基本程序的各个部分。

1. 接案或转介

接案就是把有需要的求助对象纳入个案工作的工作程序中。接案工作的重点包括：了解求助对象的求助愿望、促使有需要的求助对象成为服务对象、明确服务对象的要求、初步评估服务对象的问题和需要、确定是提供服务还是转接。如果继续提供服务，在这一程序完成时应该建立起与案主的专业关系。

对于急需帮助但本机构或社会工作者无法提供及时必要帮助的服务对象，可以提供转介服务，即推荐其至其他能够提供即时必要帮助的服务机构或其他社会工作者。转介的目的是确保服务对象能获得最适合其需求的服务，提升服务的效率和效果。在转介前需征得服务对象同意，并说明转介理由。

2. 收集资料和预估

在建立专业关系后，个案工作者应致力于详尽收集与案主问题相关的资料，并对其进行整合。这些资料包括个人信息（包括生理、心理和社会情况）以及环境信息（如家庭、同辈、社区和工作环境等）。这些数据的收集还应考虑个人与周围环境的互动情况。评估服务对象问题时，需要关注问题本身、问题产生原因以及服务对象曾经作出的努力。这一评估过程为制定服务计划提供基础。

3. 制定服务计划

一个完备的服务工作计划要求社会工作者做到以下五点：一是准确分析服务对象的需要和问题；二是明确服务工作的目标、阶段和方法；三是熟悉服务机构提供的具体服务；四是清晰认识社会工作者具备的能力；五是了解服务对象拥有的资源。社会工作者通常需要与老年人及其家属一起确定合适的目标，并围绕目标制定具体可操作的计划。

确定服务计划通常需要明确服务对象的基本情况、服务对象希望解决的问题、工作计划的目标、服务开展的基本阶段和采取的主要方法、服务开展的期限等。但在实际个案工作中，这些通常会采用口头工作协议方式进行。

4. 实施服务计划

实施是个案工作过程中最关键的一步，直接体现工作成效，所以需要工作者积极运用专业知识、方法和技巧，推进工作计划，以达到案主的愿望。在实施过程中，需和案主当面沟通了解情况，分析其需要帮助的问题所在，具体情况具体分析，制定出详细的工作计划并且执行。社工首先要与案主建立帮助关系，为其提供情感宣泄的机会，运用同理心、倾听、鼓励和积极帮助技巧，减少其对新环境的排斥，安抚其不安的情绪。其次，协同机构管理人员陪同案主参观机构，帮助其了解机构资源。社工联系医护部门提供治疗意见，安抚案主因身体健康问题产生的不安情绪，鼓励其适当锻炼并协调护理人员陪同散步。建议案主调整睡眠习惯，引导其回忆有趣或有成就感的事，调整心态。帮助老年人表达感受，提供与疾病相关的知识，让老年人充分了解自己。

5. 结 案

服务工作计划顺利展开之后，就会进入服务工作的结束阶段。一般情况下，出现以下五种情况之一就可以结案：一是社会工作者与服务对象都认为工作目标已经达到；二是虽然问题没有彻底解决，但案主已经具备独立面对和解决问题的能力；三是社会工作者与案主的专业关系不和谐，希望结束服务；四是案主出现了一些新的要求和问题，需要其他社会工作者或者服务机构解决；五是因为一些不可预测的因素需要结束服务。

6. 评 估

评估是指对个案工作的服务效果和效率进行评定，主要涉及三个方面：一是服务对象的改变状况；二是工作目标的实现程度；三是服务介入工作的人力、物力和其他资源的投入。评估的主体通常包括案主、社会工作同行以及服务机构。评估经常采用的方法有定性评估、定量评估、参与评估、案例研究、反馈机制以及监测和评估指标。综合运用以上方法，可以全面、多角度地评估老年社会工作的开展情况，为进一步提高服务质量和效果提供依据和指导。

7. 追 踪

结案并不意味着服务工作结束，就一般情况来说，还需要根据服务对象的情况安排追踪。追踪主要有三个任务：一是根据案主的状况安排一些结案之后的练习，巩固已经取得的进步，增强案主独立面对问题的能力；二是调动案主的周边资源，增强社会支持；三是持续评估服务工作的效果。

（四）老年个案工作的技巧

1.建立信任关系的技巧

良好的信任关系是进一步开展工作的基础，但如果没有这种关系，辅导将无法进行。与老年人建立关系时，他们可能会拒绝服务，因为他们已经习惯了自主和独立，不承认自己需要外界帮助，接受服务对他们来说意味着失去独立自主甚至尊严，因此对服务表现出排斥和恐慌。还有些老年人认为自己经验丰富，对社会工作者的身份和能力心存怀疑。也有些老人逃避现实，不愿意提及和面对现实的问题……因此，社会工作者必须了解老年人抵制服务的原因，并采用合适的方法应对。一般来说，建立关系的技巧包括以下几种。

第一，信任。想要得到对方的信任，首先就应该充分信任对方。要相信只要自己工作方式恰当，就会得到对方的反馈。即便老年人的改变是缓慢的，工作人员也应该为其留有充足的时间。

第二，理解和支持。对于老年人遇到的困难和问题，首先要表达自己的理解，让他们感受到自己的真诚。其次是对老年人表示关心和爱护，让他们感受到自己的关怀和爱。最后是鼓励和支持老年人，让他们对自己有信心，对自己的服务树立信心。

第三，同理心。在老年人讲到一些心理感受强烈的事情时，社会工作者要表现出同理心，让老年人感觉自己和工作人员心灵相通。在善于倾听的同时，要尤其注意老年人的情绪变化，特别是当老年人流露出压抑、内疚、自责时，应该帮助他们及时宣泄。

第四，不批判。社会工作者对案主本人及其行为不应给予批评，以防止案主形成抵御机制，影响关系的建立。

2. 老年个案辅导的技巧

老年个案辅导是为了帮助老年人解决问题、增进福祉和提升生活质量而进行的一种专业服务。以下是一些常用的技巧和方法。

第一，怀旧。怀旧是指引导老年人回忆和体验过去的美好时光和重要经历的过程。通过回忆过去的经历、事件和人际关系，老年人可以重新感受到积极的情感和回忆，增强自我价值感和满足感。怀旧可以帮助老年人建立积极的自我认同，增强对生活的满意度，同时也可以提供心理安慰和情感支持。

第二，生命回顾。生命回顾是一种辅导技巧，通过引导老年人回顾他们的一生，回忆和重新评价过去的经历和成就，以及从中获得的智慧和成长。生命回顾可以帮助老年人整理和理解自己的人生经历，加深对自身价值和意义的认知，并促进对未来的积极展望。通过生命回顾，老年人可以感受到对自己人生的肯定和满足，同时也可以从容面对过去的遗憾和挫折。

第三，适当引导。老年人作为案主，在描述案件时容易偏离主题，谈一些与案件没有直接联系的事情。社会工作者遇到这种情况要适当引导，将话题导向主要问题，多主动询问与问题相关的信息，以便高效地对问题的性质和原因进行判断。但同时应该注意不要追问老年人敏感的话题，避免让其感到反感或不适，也不要不断地更换话题，因为这样无法集中讨论老年人所面临的问题。在整个沟通过程中，工作人员应该以倾听为主，并对老年人的倾诉做出积极回应。同时不能任由老年人随意闲谈、变化话题，要及时抓住主要问题并向此方面引导。

第四，赞扬。现实生活中，老年人因社会属性弱化可能会遭到拒绝或排斥，很少被其他人赞扬。当老年人寻求社会工作者的帮助时，也难免处于较低的姿态。所以，工作者应该时常给予老年人鼓励。真诚的赞美能够鼓励老年人积极面对问题、解决问题，但是夸大其词则可能让老年人感到不适。

3.寻找资源的技巧

在整个过程中，社会工作者可能要通过与拥有不同资源的个人、团体、组织合作才能为老年案主提供最完善的服务，包括了解其个人资料和历史、健康状况和医疗记录、心理和情绪状态、社会支持和网络、经济状况和资源以及兴趣爱好和需求。具体而言，这些资源来源于不同的主体，包括政府、企业或其他正式机构，也包括家人、朋友、邻居、同事等。

二、养老服务中的小组工作方法

（一）老年小组工作概述

小组工作又称团体工作，是指在社会工作者的策划和指导下，将具有相似需求的案主组成两人以上的小组群体，通过小组组员间的互动和经验分享，帮助其走出困境、获得发展的工作方式。小组工作方法可以将老年人聚集在一个小组中，利用团队治疗的工作方法，让老年人在与其他老年人的交流的过程中获得彼此的支持与陪伴，除了能够增加团队支持与治疗效果，还能够学习新技能，丰富晚年生活。

老年小组工作可以在社区和各类养老机构推行，无论是社区中的老年人还是机构院舍中的老年人，通过小组活动的开展，都可以使他们获得归属感，减少社会隔离感和孤独感。同时，还可以协助老年人适应和应对负面的人生经历，从而建立起自主感、自尊感和自信心。此外，不同类型的小组活动为老年人提供担任不同的有满足感和有意义的角色的机会，以及安全而具支持性的环境，使他们认知、了解和掌握面对一些突发情况时可以采取的行动，也可以在他们面对晚年工作和家庭生活转变时，为他们提供心理刺激和社会参与的动力。通过小组活动，老年人可以了解到社区或机构的资源和服务，学会如何更好地利用这些资源。

老年小组工作并不仅仅是一次性的活动，社会工作者需要在小组工作的不同阶段设计不同的活动方案，承担不同的角色。小组早期阶段需要招募和凝聚组员，为老年人设计不同性质的小组并制定完善和周密的小组计划，协助组员制定小组目标；当小组进入中期阶段，工作员需要协助促进小组历程，加强组员交往和推行活动的能力；当小组发展到出现固定的或不同角色的小组领导者时，工作员可以扮演咨询者角色，提供活动场地和资源。老人小组工作实际操作还将随着服务对象的社会心理特色和服务模式的变化而变化。所以可以看出，老年小组工作对于社会工作者而言是一个富有挑战性的工作，特别是在接触那些年老体弱、疾病缠身、行动不便的老年人时，工作者需要付出更多的耐心、时间和精力。

（二）老年小组工作实施原则

老年小组工作主要有四个基本原则：一是不要根据第一印象对老年人的性格及行为做出预判，比如先行假设哪些老人爱参加小组活动，哪些老人不爱参加小组活动。事实上绝大多数老人都有被人关注、与人交往的愿望，只是出于性格等原因未明确表现出来。二是社会工作者一定要有耐心、细致、周到的工作态度，尽可能多地照顾到小组中的每一个成员。三是小组组员的选择要恰当、合适，可以提前了解老年人情况后进行分组。四是不强求。坚持以老年人为中心，尊重老年人的选择。老年工作小组主要有 9 个阶段的工作：

1. 明确小组计划与目标

社会工作者需了解到个体和小组的需要且有明确的小组目标，从而有重点、有计划地工作，同时也避免把自己的需求掺入小组，这更有助于小组及其成员目标的实现。

2. 评估成员能力

工作者在面对老年小组成员时，说话要慢而清晰，小组成员数量不宜过多。成员的选择必须基于其可能因为参与小组活动而受益的原则。对个别不愿意参加活动的老年人或心智重度伤害的老年人，则应尊重他们的选择，不必勉强他们参加小组活动，而且小组成员的选择要恰当。

3. 合适的预期

小组工作者在设计小组工作目标时就应该考虑到老年人可能难以在短时间内有较大的改变，很难通过小组活动改变不适人格、形成新的人格。工作人员不能期望老年人通过小组活动一定就能如预期一样发生改变。另外，工作人员也不要希望能够彻底解决老年人的问题。有些问题需要经过长期的周密计划才有可能解决，而老年人可能没有耐心，而且时间可能不允许。与其希望彻底解决问题，不如以减轻问题给老年人带来的痛苦为目标更合适一些，某些情况下，"治标"比"治本"更能满足老人的需要。

4. 合适的活动内容

策划者可以从老年人熟悉的领域入手，比如老年人之前都有各自的工作，有各自擅长的领域和特长，小组工作者可以根据这些情况，在小组工作开展过程中为老年人安排一些与他们在原来的工作中角色相关的活动内容，这样可以使老年人有较高的兴趣和参与度。特别注意的是，在小组活动的选择上也必须针对老年人的身体特征，尽量不要超出老年成员身体活动能力范围。如果提供食物，也应该提前了解小组成员是否有禁忌。

5. 提供小组资料

在团体工作开展之前，社会工作者有必要准备包括小组目标、工作者及其他小组信息在内的基本资料。团体工作开始时，社会工作者可以进行自我介绍等。每次团体工作都应有特定的主题，以便成员间互相沟通和讨论。讨论应简明、便于记忆。团体目标一般也以排除焦虑、解决即时性问题为主，强调保持心理健康而非人格的改变。

6. 弹性与发展

为了保持小组的适应能力，使小组工作能够随着小组成员的变化而变化，社会工作中的小组应该具有弹性。因此，小组工作者应协助小组在制定计划和实施计划的过程中对小组和成员的状态进行关注，以发现并正确面对可能的问题。工作者和小组成员通过这样的经历使小组不断获得应对复杂问题的经验，以实现长期的发展。

7. 有效利用资源

在小组工作过程中，应该善于利用社区或者机构所拥有的资源，来丰富个人和小组经验。小组工作同社会机构、社区背景、社会文化有着密不可分的关系。工作者是各类关系中的联系人和协调者，因此需要对社区或机构有充分的了解，协助小组利用可用的社会资源。

8. 自决原则

个案工作经常强调案主自决原则，实际上在小组工作中也要尊重案主自决，特别是在老年小组工作中，因为大多数老年人倾向于依赖别人：在家里依赖子女，在养老机构里自决机会也很少，毕竟很多安排都是制度化和程序化的，独立意识强的老年人反而被认为是不合作的。但这显然不符合小组工作的初衷，在小组工作中，工作员强调培养老年成员的自决权，遇到问题要由老年成员自己做出决策，同时也希望老年人学会使用自决权。工作者应该以引导小组成员互动为原则开展工作，以此增进小组成员之间的相互作用。在小组工作中，社会工作者有权利来决定小组活动，因此，工作者要注意发挥民主、有限参与，鼓励小组成员做出决定，确定小组的活动内容及方式，并根据小组自身的能力最大限度承担起责任。

9. 合理制订各阶段内容

主要分为初期阶段、中期阶段以及终期阶段。初期阶段，工作者的主要任务是建立小组界限，允许小组成员依赖，并在依赖关系的基础上建立信任和分享经验。中期阶段，工作者需要协调成员的人格差异，解决冲突，并进行有效的沟通，以增强小组的凝聚力。同时，工作者应协助成员真实表达对小组活动的感受，以便发现问题并总结经验，使下一阶段的活动更符合成员的兴趣爱好，同时保持小组的稳定发展。在小组的终期阶段，工作者需要评估小组的成效和每个成员的发展情况。

（三）老年工作小组的基本模式

1. 社会目标模式

社会目标模式旨在帮助老年工作者和社会工作者在小组工作中设定和实现明确的社会目标。这个模式强调通过小组活动来促进老年人的社会参与、自我满足和社交支持，以提高他们的生活质量和幸福感。老年人通过参加以改变社会环境为目标的小组，可以变得更有社会意识和社会责任感，减少或避免被社会抛弃的感觉，同时增强自信心。这一模式的重点是让老年人关心社区或社会中涉及老年人权益和福利的话题和事件，并在自己的能力范围内积极采取维权行动。比如社区老年活动中心的老年倡导团体，就可以通过集体的行动，以促使社区中为老服务的改善。此时，工作者的角色主要是倡导者或咨询者。通过一系列活动，小组成员在物质生活条件方面可能会有所提升，同时也会变得自信和自尊。

2. 交互模式

老年工作小组的交互模式是一种组织和促进小组成员之间互动和合作的方法。这个模式旨在通过互助和支持，帮助老年人处理生活转变带来的压力，减少孤独感和社会隔膜，并实现最佳心理社会适应。在交互模式中，小组成员之间的互动是至关重要的。比如在养老机构中组成的互助小组可以促进一些热心的老年人欢迎并帮助其他一些新入住的老年人尽快适应机构中的新生活，社区中互助型小组也可以鼓励成员拜访那些由于疾病而不能参加小组活动的成员，表达小组成员的关心。

3. 发展性模式

老年工作小组中的发展性模式是指小组在成长和演变过程中所经历的不同阶段和发展特点。这个模式强调小组的发展是一个动态的过程，包括不同的阶段和变化，一般包括形成阶段、规范阶段、执行阶段和解散阶段。这一模式的重要原则是促进小组和老年人的成长，鼓励每一位老年人参与、投入小组，使小组达到自决和自觉的程度。此模式可在刚退休的老年人群中适用，协助他们正视自身的角色变化，学会适应新生活。

在发展型模式老年小组中，工作员的角色无须得到刻意突出，但是却有其重要性。一旦小组成立后，工作员必须与组员就小组的目标、功能和结构达成一致意见。工作员相信，小组及组员都有不同的成长阶段，他们可以在活动中通过相互学习共同成长，同时工作员应该以平等的身份对待每一位组员，充分尊重每一位组员的需要和权利，相信每一位组员都有权利和能力做出决定。

4. 治疗模式

老年工作小组的治疗模式是一种在小组设置中为老年人提供治疗和支持的方法。这个模式旨在通过小组互动和治疗过程来帮助老年人处理心理、情绪或行为方面的问题，提高他们的心理健康和幸福感。这种治疗层面的小组通常存在于专业养老院和医院，因为专业性极强，所以范围也较小，工作者本身往往也经历过小组治疗训练。在这个模式中，工作者的角色一般是教育者或指导者。在小组早期阶段，工作者需要尽职尽责，构建小组活动的设想，设定具体内容、准备和开展活动的程序。随着小组的发展，工作者可以鼓励一些成员主动承担起有能力完成的事务。

这四类模式中的前三类可以运用于社区或机构中的老年人小组，而第四类模式则一般在机构中运用。工作者在老年小组工作实践过程中，应充分考虑老年成员的需求和小组的发展，选择适宜模式的工作角色和技巧，以达到预期效果。单一的小组工作模式不一定适用于小组的所有状况，这就要求工作者具备社会工作实务的知识和创意，经过对小组过程变化和成员特性的评估，灵活地运用小组动力和工作技巧，推动小组的发展。如发展性小组的老年成员参加小组初期的目的可能是发展兴趣、学习新知识，但随着小组成员间凝聚力的提升，小组可以发展成交互式小组，成员之间互相帮助。在进一步发展的过程中，当小组成员的信心增加，他们又可能继续发展成为关心老年群体福利和权益的社会行动小组，为倡导老年人的福利与权益服务。

（四）老年小组工作的类型

实际工作中，组建成的老年小组根据不同的划分标准，可以得到不同的划分结果。如根据结构状态可以划分为正式小组和非正式小组；根据形成方式可以划分为自然小组和组成小组；根据目的和性质可以划分为教育小组、任务小组、娱乐小组；等等。以下将介绍实际场景中的几种常见类型。

1. 教育小组

教育小组通常由专业人士或专家组织和引导，旨在提供有关健康、福利、养老、社会服务等方面的知识和资源。工作过程中，首先要让小组成员知道自己存在一定问题并需要改变，然后帮助对方建立新观念，比如一些帮助老年人学习网络设备的小组及其开展的活动。教育小组在老年人中具有积极的影响，它提供了一个学习和互动的机会，帮助他们获取有关健康、福利和生活技能方面的知识。通过参与教育小组，老年人能够增加自信，改善自我管理能力，更好地应对生活中的挑战。

2. 支持小组

支持小组是一种提供情感支持和互助的小组形式，旨在帮助老年人应对生活中的挑战和困难。这种小组提供了一个安全、支持性的环境，让成员可以分享彼此的经历、情感和困扰，并获得来自其他成员的理解、鼓励和支持。通过支持小组活动，老年人能够获得情感支持、分享经验、建立联系，并从他人的经历中获得启发和建议，从而提高心理健康和幸福感。比如一些老年病友通过自发或被组织的方式联系到一起，相互交流经验，相互支持，社会工作者在介入相关小组时应该具有相关专业知识。

3. 治疗小组

治疗小组是老年工作中常见的一种支持和治疗形式，旨在为老年人提供心理治疗和支持。这种小组由专业治疗师或心理健康专家组织和引导，旨在帮助老年人处理心理、情绪或行为方面的问题，并提升他们的心理健康和幸福感。治疗小组强调小组成员之间的互动和互助。成员可以倾听和分享彼此的经历，提供支持、理解和建议。小组互动有助于减轻成员的孤独感和社会隔离，增强归属感和社交支持。

（五）老年小组工作的活动方案设计

小组工作的活动方案一般具有下列功能：提供人际接触、互动，进行资料汇集，练习在小组中习得的新的社会经验，为未来生活做准备，容许偏差行为的出现，营造一种开放、信任、支持的氛围等，因此小组活动方案设计在小组中十分重要。在设计小组活动方案时要考虑很多因素，以求活动开展成功。下面引用"结构化小组活动"所需考虑的原则来说明设计老年人小组活动时应考虑的因素。

一是小组的目标。在小组活动进行中应紧扣小组目标，对于老年人小组而言，不同性质和类型的小组应根据不同的目标设计不同的活动方案。二要考虑小组的发展阶段。小组工作是长期且持续性的，不同的发展阶段有不同的需求，在老年人小组的发展阶段，要考虑老年人自身的特性及互动。三是小组大小。每个小组活动有人数限制，为达到最佳效果，老年人小组的活动一般而言在 8~12人。四是小组活动的时间。在设计老年小组活动时间时，要考虑到老年人的生理、心理特征。每一次小组活动时间都要把握好，不能过长或过短，一般在 1~2 个小时。五是工具准备。每次活动要把所需的器材提前准备好。六是环境安排。包括场地空间、室内格局、室外排场、座位、灯光等，通常能够移动的桌椅较有利于活动，不能太复杂。七是过程导向。要注重每一个过程的衔接性，如何开场、转折、接续、回馈等。八是弹性运用。不同小组要根据老年人的特点灵活选择活动类型，并非每一个活动都适合每一个小组，而且每个小组对活动的感受也不一样，因此工作者在活动的设计中要灵活。九是工作契约。要明确工作者在带领小组活动中的角色与职责。十是活动评价。工作者要先制定小组活动的评价标准，通过评价来改进活动和发展小组。在设计小组活动中，要充分考虑以上因素，特别对于老年小组而言，更要考虑成员的身体状况、接受能力，只有在充分理解老年人的基础上才能设计适合、实用的小组活动方案。

（六）老年小组工作技巧

在老年小组工作过程中，需要注意以下六个方面内容：一是工作人员在小组活动前要做好充足的准备。二是所组织的活动或游戏一定要简单易学，使老人一听一看就懂，要使游戏具有趣味性，否则老人会为做不到而感到自己无能。三是工作员要不失时机地赞赏组员的能力，通过赞赏去增加组员之自信心，从而使他们积极参与。四是工作人员要关心每个组员对活动的感受，发现一些组员对活动反应冷淡时，要适当调整活动程序，以避免冷场。要防止小组内组员自发形成"小山头"。一旦发现，工作员就要巧妙地运用随机抽样的方法组织小组活动，达到所有组员均互动起来的目的。五是在小组活动行程过半时，工作员应协助组员真实表述对小组活动的感受，从中发现问题，总结经验，以使下一阶段的活动更符合组员的兴趣爱好。六是小组将要结束时，工作员应对本次小组活动进行总结和评价。下面将从小组的不同阶段分别对工作技巧进行详细介绍：

1. 老年小组的组建

老年人参与小组活动的积极性受到个人性格、家庭背景和教育背景等因素的影响。长期闲居在家、自我封闭的老人可能不愿参与小组活动，并容易产生心理疾病。因此在开展小组工作之前，工作者如何与老年人接触，减轻老年人的心理障碍、顾虑是小组前期准备工作的重要内容。

工作者一般通过以下两方面入手。

直接面谈。对于老年人而言，参加活动之前会心存顾虑，如经济、时间、能不能获得好处等。为消除老年人的心理顾虑，工作者在小组开始之前最好能与老年人直接接触，如当面介绍小组的内容、参加小组能给自己带来什么好处，以及展示以前举办过的类似活动的图片等，以吸引老年人的兴趣。

深入社会宣传。把准备开展小组的信息做成展板，放在社区显眼处，并设立咨询台，由工作者给来询问的老年人介绍具体情况。如有一些老年人关注此事，也会吸引其他老年人加入。在宣传方式上要注意，传单和海报等文字性较强的方式可能会因为老年人视力不好或不识字等而达不到良好的效果。较积极的方式是个别面谈和举办宣传活动，并且为小组起一个生动新鲜的名称。

在小组成员的选择方面，因为小组工作非常强调成员之间的互动、相互影响和支持，因此在小组开展之前，认真地挑选组员是小组工作的重要内容。挑选的组员最好是背景、身体状况、教育程度等方面相似的老年人。

2. 小组成立初期工作者可采用的技巧

主动。在具体操作过程中，如有组员不明白，工作者要多次重复、澄清，最好能亲自示范，这样可以拉近工作者与组员的距离。

积极把握机会赞赏组员能力。真诚的赞赏能带给组员极大的动力，增强成员的信心，如在讨论如何维护老年人权益时，有些老年人对此了解较多，这时可以说："和叔叔真厉害，对维权知识知道得很清楚!"

在活动游戏的设定上，切忌过于抽象与复杂。

在活动过程中，工作者要留意组员的感受。如有些老年人害怕被别人否定或不想过于突出，有时即使不想参与活动也不表达出来，所以工作者在活动过程中要注意成员的面部表情、肢体语言、反应态度等，及时沟通、调整。

有耐心，不能操之过急。由于老年人的听力等生理机能在衰退，工作者说话时要语调缓和、吐字清楚，有时较复杂的问题要重复说，说清楚，而且声音要大。同时有些老年人不善表达，工作者要注意引导，不能操之过急。

3. 小组后期阶段要处理的情况

首先是要处理组员面对小组结束时的情感波动。在小组的发展过程中，小组成员之间建立了感情，一些小组成员往往会对小组产生依赖，不愿活动结束，因此工作者应在结束前三次会面时就开始提及工作小组即将解散的事情，避免最后突然提及让组员猝不及防，感到孤独和被抛弃，从而影响小组工作的整体效果。其次，协助小组成员回顾小组经历，总结每一位小组成员的成长与转变。可以以面谈方式或问卷方式进行小组评估。小组活动评估的结果具有十分重要的意义，可以为下次开展此类小组活动提供资料和经验。

三、养老服务中的老年社区工作

（一）老年社区工作概述

老年社区工作是指在社区层面为老年人提供支持、服务和资源的综合性工作，旨在满足老年人的各种需求，促进他们的社会参与、健康和福祉，通常由社区服务机构、非营利组织、政府部门和志愿者组织等负责实施。老年社会工作者可以在大型活动中倡导社会关爱老人的风气，也能针对老年人开展文艺汇演，发挥老年人余热，让他们更好地与社会接触，避免其与社会脱轨。除此之外，开展院内的保健操、手工活动、健康大讲堂，组建老年模特队、合唱团等，都是社会工作者在养老机构的日常工作。

社区工作是与个案工作、小组工作并列的三大社会工作方法之一，但它们之间也存在很多不同之处。社区工作的受众是整个社区或特定的社区群体，包括社区居民、组织和机构。社区工作通过广泛的社区参与和合作来实现其目标，而个案工作和小组工作的受众相对更窄。

这一概念可从以下几方面来理解：首先，老年社区工作的服务对象是居住于社区中的老年人及其家庭成员；其次，老年社区工作以利他主义为指导；再次，老年社区工作是通过促进老年人及其家庭成员积极参与社区活动，协助老年人及其家庭成员解决社区生活中遇到的各种问题，培养归属感和认同感；最后，在参与的过程中，发掘老年人的潜能，提高老年人自助、互助及自决的能力，促进老年人的发展，营造一个人人关爱老年人，老年人奉献社会的良好社区环境。

（二）老年社区工作基本原则

老年社区工作的基本原则是基于对老年人需求的理解和关注，以提供支持、服务和资源，促进他们的社会参与、健康和幸福感。以下是老年社区工作的基本原则。

1. 尊重和尊严

老年社区工作应基于对老年人的尊重，认可他们的人权和自主权利。工作人员应尊重老年人的意愿、价值观和个人选择，确保他们的尊严不被损害。

2. 综合性和终身性

老年社区工作应综合考虑老年人身心以及社会和经济的各个方面，从老年人的整体需求出发，提供跨领域的支持和服务，并关注老年人的发展和福祉。

3. 社区为本

老年社区工作强调社区的参与和合作，注重发挥社区的力量和资源，与社区居民、组织和机构紧密合作，共同推动老年人的福祉和社会融入。

4. 个性化和差异化

老年社区工作应充分考虑老年人的个体差异。工作人员应了解老年人的需求、偏好和背景，提供个性化的支持和服务，以满足他们的特定需求和期望。

5. 预防和早期干预

老年社区工作强调预防和早期干预的重要性。通过提供健康促进、教育、咨询和早期支持等服务，帮助老年人保持健康、预防问题的发生，并在问题出现时及早干预，以减轻潜在的负面影响。

6. 可持续性和合理性

老年社区工作应考虑可持续性和合理性。工作人员应确保所提供的支持和服务是可持续的，并合理分配和利用资源，以满足老年人的需求，同时确保工作的持续性和效果。

7. 参与和赋权

老年社区工作应重视老年人的参与和赋权。工作人员应促进老年人的参与决策过程，让他们发表意见、表达需求，并参与制定和实施相关政策和计划。

（三）老年社区工作的特点

1. 综合性

老年社区工作会综合考虑老年人的各个方面，包括身体、心理、社交和经济等，关注老年人的整体需求，提供跨领域的支持和服务，以满足其多样化的需求。

2. 社区为本

老年社区工作注重社区的参与和合作，以社区为基础，与社区居民、组织和机构紧密合作，共同推动老年人的社会融入。这种社区参与可以发挥社区资源和力量，促进老年人的社会支持和社交互动。

3. 预防导向

老年社区工作强调预防和早期干预的重要性，提供健康促进、教育、培训等服务，帮助老年人保持健康、预防问题的发生，并在问题出现时及早干预，以减轻潜在的负面影响。

4. 个性化

老年社区工作重视老年人的个体差异，了解老年人的需求、偏好和背景，提供个性化的支持和服务，以满足他们的特定需求和期望。工作人员同老年人建立有密切的工作关系，关注个体的独特性和多样性。

5. 社会参与和自主性

老年社区工作鼓励老年人的社会参与和自主性，提供机会和平台，让老年人参与社区活动、志愿者工作、兴趣小组等，促进他们的社会互动、自我表达和决策。

（四）老年社区工作的具体目标

① 降低老年人与社会的距离感，促进老年人的社会参与和互动。通过组织社交活动、兴趣小组、志愿者服务等，帮助老年人建立和维持社会联系，减少社交孤立和孤独感。

② 提供老年人所需的支持和关怀。通过提供居家护理、日间照料、社区健康服务等，帮助老年人满足日常生活需求，解决生活中的问题和挑战。

③ 提供老年人所需的社区资源和支持网络。通过建立合作伙伴关系、整合社区资源，为老年人提供信息、咨询、经济支持等，以满足他们的各类需求。

④ 致力于创建和维护年龄友好的环境。通过倡导无障碍设施、交通便利、社区安全等，为老年人提供安全、便利和舒适的居住环境。

（五）老年社区工作的主要模式

老年社区工作的内容主要包括两个层面：一是保障老年人的

基本生活照料；二是解决老年人的社区生活问题。前者指的是要发展老年人的社区支持网络，以照顾老年人的社区生活，建立老年人的社区养老体系。后者则是以社区为载体，通过一系列社区活动，利用社区集体的力量共同解决老年人社区生活中遇到的各种问题。

在开展老年社区工作中，针对老年社区工作两个层面的内容，可以分别运用不同的工作模式与介入方法。

1.老年人的基本生活照料层面——社区照顾模式

受中国传统家庭养老方式的影响，老年人与其子女都较难接受机构养老方式，老人也不愿离开熟悉的生活环境。而经过多年社会发展，原来的大家族逐渐小家庭化，"4+2+1"的家庭模式增多，家庭养老的负担加重，家庭照顾能力弱化。

正是在这样的背景下，人们开始思考如何让老年人待在熟悉的社区中养老，并接受来自家庭和社区的共同照料？就这样，一种新型的老年社区工作模式——社区照顾应运而生。

"社区照顾"的概念起源于 20 世纪 50 年代的英国。19 世纪时，英国对弱势群体的照顾方式主要是院舍照顾，政府把孤儿、老年人、精神病患者等各类虚弱的人员集中在一起进行照顾。这种照顾方式曾在英国盛行一时，直到 20 世纪的 20 年代至 50 年代，其弊端逐渐显露。这一方式把受助者同他原先生活的自然环境分离开来，使被照顾者在心理上受到损害，而且这种照顾方式容易使受助者形成一种依赖性而失去独立生活的能力，因此政府希望把院舍照顾改变为社区照顾。20 世纪的 60 年代，社区照顾主要是以"在社区内照顾"的形式推行，政府把需要照顾的弱势群体转移到社区中的正式机构进行住宿式照顾，让受助者可以返回到熟悉的环境中接受照顾，符合受助者的意愿，但这种照顾形式所需的费用较昂贵，并不能满足大部分弱势群体的需求。于是，到了20世纪80年代，社区照顾的形式转变为"由社区照顾"，政府提供适当的支持和介入，借助社区中的家庭、邻居及志愿者等非正式支持网络承担照顾工作，帮助服务对象自立和学会对生活的掌控。

随着经济的发展和老龄化社会的到来，这种社区照顾模式已经成为许多国家和地区开展社区建设、缓解老龄化问题的重要形式，社区照顾的内容和形式也在不断地丰富和完善。

2. 老年人的社区生活层面

（1）社区发展模式

社区发展模式通过动员和组织社区居民的力量和参与，推动社区发展和问题解决。工作者与社区居民合作，建立组织、委员会或团体，共同制定和实施解决老年人问题的计划和项目，促进社区的凝聚力和自主性，并且在这一过程中培养老年人和其他社区居民自助、互助的意识和能力，从而增强居民对社区的认同感和归属感。

社区发展模式的优点在于强调参与性、资源整合、自主性、可持续性和共享知识；不足在于无法解决管理和协调困难、社区居民参与不均衡、缺乏评估和监测以及可持续性挑战等困难。

（2）社区计划模式

社区计划模式是一种用于社区发展和问题解决的方法和理论框架。它强调社区居民的参与和合作，通过共同制定和实施计划，促进社区的发展和改善。

社会计划模式的优点在于保证了服务质量，因为事先有充分的考虑，并且由专业的社会工作者给予指导；因为注重专家的作用，所以使决策和行动有更高的效率。社会计划模式的缺点在于居民参与率低，不论是服务目标还是决策过程，社会工作者均占主导地位。

（六）老年社区工作的基本过程

1. 建立关系

在老年社区工作中，建立关系是一个渐进的过程，需要社会工作者投入时间和努力。社会工作者首先与老年人进行初步接触和介绍。这可以通过社区活动、社区会议、家访等方式进行。为了进一步建立信任和互助关系，社会工作者需要进行持续的互动和关怀。这可以通过提供一致性和可靠性的支持、帮助解决他们的问题和困惑，以及鼓励他们互相支持和分享经验来实现。社会工作者还可以组织社交活动和小组互动，促进老年人之间的交流和互助。

2. 需求分析

社区评估和社区分析需要涉及社区环境分析、老年人口分析、老年社会问题分析、老年人各类需要分析以及资源分析。评估社区环境的方法包括问卷法与访谈法，有时也需要用到社会指标和焦点小组等。

3. 形成工作计划

对社区老年居民进行调查后，需要收集和分析老年居民的数据，根据调查和评估结果明确目标，确定优先事项，然后制定具体的工作计划。在整个过程中，重要的是与社区老年居民保持密切的合作和沟通，确保计划的适合性、可行性和可接受性。

4. 计划的实施

计划实施的过程包括资源准备和协调、任务分配与责任落实、实时获得与服务、监督与管理、沟通与合作、数据收集与评估等，并且需要多方宣传，以争取社区老年居民的积极参与。

5. 评价和反思

对老年社区工作的开展进行复盘，寻找工作中的问题和不足，同时对工作取得的效果进行分析。

（七）社会工作技巧

1. 加强老年人对社区的认知，鼓励老年人参与社区活动

加强老年社会工作技巧的关键是帮助老年人增强对社区的认知，并鼓励他们积极参与社区活动。这可以通过以下方式实现：一是提供定期的社区导览，介绍社区资源和活动，并解答老年人的疑问；二是组织针对老年人的社区活动，如康体运动、手工艺课程等，以增进老年人之间的交流和社交；三是鼓励老年人担任志愿者角色，参与社区服务和项目，提升他们的自尊和社会参与感；四是定期与老年人进行沟通，了解他们的需求和意见，以便针对性地提供支持和服务。通过这些技巧，可以促进老年人对社区的认知，激发他们参与社区活动的积极性。

2. 提高老年人的自助和互助能力

提高老年人的自助和互助能力是老年社会工作的重要目标。以下是一些有助于实现这一目标的技巧：一是提供针对老年人的培训和教育课程，包括健康管理、技能培养等，以增强他们的自我管

理和生活技能；二是组织老年人之间的互助活动，鼓励他们互相支持、分享经验和资源；三是提供老年人专属的信息和咨询服务，帮助他们解决问题和获取所需支持；四是培养老年人的领导能力和参与决策的机会，让他们在社区事务中发挥作用。通过提升老年人的自助和互助能力，可以帮助他们增强自信心和社会参与度，提升生活质量。

3. 提高老年人权利意识

提升维权意识是社区工作所强调的一个方面，主要通过举办法律知识讲座等形式来实现。在大多数情况下，由于老年人维护自己权益的意识比较薄弱，因此，在老年社区工作中，工作者尤其不能忽视对老年人权益的维护，需要使老年人明白：争取自身的权益需要更多的老年人积极参与，表达自身更多的意见与见解，才能争取更多的参与权和决策权。而且，工作者在向老年人教育、灌输权利意识的重要性的同时，还要让老年人有自我组织的能力。

4. 培育老年组织

老年人所遇到的问题不仅仅个人的问题，可能是一个社区中存在的问题，甚至可能是整个社会都存在的共同问题。在这样的情况下，仅依靠个人单薄的力量难以达到行动的效果。因此，有必要组织有影响力的老年组织，通过联合各社区的力量，发挥更大的影响力，从而达到解决问题的目的。在这方面，工作者需要帮助社区中的老年组织者，通过联系其他各社区中的老年组织者，一起关注社会问题，协调资源，统筹力量。工作者还可以带动老年人去接触一些社区的其他组织，鼓励他们一起参与行动计划，提供支持。

总结与反思

一、结 论

（一）概述目前养老服务与社会工作融合现状

当今中国社会正处于老龄化程度逐步加深、养老问题日益严峻、养老形势日趋复杂的时代背景，多层次、多样化、多方面的养老服务需求快速增长，给养老服务的成长和发展带来诸多压力，急需外部力量的支撑和帮助。而社会工作作为以利他主义为指导、利用科学方法进行的助人活动，正通过不同的介入方式如个案社会工作、小组社会工作和社区社会工作，为助力社会摆脱养老服务困境和稳定发展提供多种类型的支持和帮助。

在此背景之下，我国许多城市也都开展了相应的社会养老服务，比如：上海社区居家养老服务、广州城乡社区居家养老服务等多地的相关实践都体现了社会工作介入养老服务的探索过程。在此过程中，社会工作对养老服务的介入、社会工作与养老服务的融合取得了一定的进展和成效。在当今压力之下，社会养老所占的比例将会越来越大，也越来越重要。一方面，社会工作通过个案工作、小组工作和社会工作的介入方法以及服务功能、转介功能、资源链接、资源整合和宣传培训的方式实现对养老服务的介入；另一方面，介入具体表现在与社会工作相关的创新型养老服务模式的形成、社会工作对养老服务内容的扩展和完善、社会工作对养老服务质量的改进和提升、社会工作对各项养老服务的深度挖掘等方面。

但是，目前社会工作与养老服务的融合在广度、深度、质量水平、空间范围、成效评估等方面仍然存在一系列不足与问题。在广度上，社会工作对养老具体服务内容、形式和类型的补充仍然缺乏，不能够满足老年人群体日益激增的养老服务需求；在深度上，社会工作对养老服务的介入还停留在表面形式上，尚未实现与养老服务的深度融合；在质量水平上，社会工作对养老服务的介入存在着质量差异，亟待提高社会工作的介入质量和水平；在空间范围上，社会工作对养老服务的介入存在着地区差异，如受经济因素影响的城乡不均衡和东中西的地域不均衡；在成效评估方面，评估标准和评估体系的制定和建立尚未完善，急需加快进展。而造成这些问题的原因可追溯到社会工作自身和养老服务自身两个方面，社会工作方面主要体现在专业化程度较低、社会认同度不高、社会工作服务方法与技巧不到位、专业社会人才不足、相关制度法规不健全、行政压力较大、志愿服务支撑平台缺乏等方面。

未来，社会工作需要实现与养老服务更加有效、积极和全面的融合，在体制模式、内容形式、质量水平等多方面进行创新、改进、完善和提升，促进兼具实践性、适应性、异质性以及高效性的融合形式和模式的建立，以更好地发挥社会工作对养老服务的支持作用，推动养老服务动态化地满足老年人群体不断变化和增长的养老服务需求，更加积极主动地应对和解决老龄化问题和困境。

（二）社会工作在养老体系中发挥着重要的作用

社会工作通过对自身科学理论、科学方法、专业知识和实用技巧的实际运用，为养老服务提供具体化和针对性的指导帮助，以解决现实的养老问题并满足老年人的养老服务需求。同时，由于社会工作包括个案社会工作、小组社会工作和社区社会工作三种工作方法，因而能够将其有选择地运用到养老服务体系中的居家养老、社区养老和机构养老中，以提高匹配性和适用性。因此，基于养老需求决定养老服务的提供这一条件属性，社会工作主要致力在老年人群体的生活照料、医疗护理、精神慰藉和社会参与四个方面提供支撑帮助作用，为提升老年人生活质量、满足老年人精神需求发挥重要作用。

其一，老年社会工作充当着需求评估者、服务提供者、老年利益维护者、资源链接者、服务策划者、督导者以及政策推动者等角色。老年人群体在年龄状况、身体条件、精神条件以及经济状况等诸多方面具有不同于其他群体的显著特征，有较为急切的被平等化帮助、接受个性化服务的需求。因此，社会工作针对老年人的需求进行了全面的、一体化的、流程式的帮扶设计和实践。

其二，社会工作为不同的养老模式提供有针对性的完善和提升途径，推动新时代养老服务体系的创新。例如，利用社会工作中的个案工作或小组工作方法补充、完善居家养老模式，填补居家养老中老年人所缺乏的丰富多彩的精神活动、心理疏导以及社会关系的维系构建等内容；利用社会工作中的小组工作方法为老年人提供多样化服务并满足老年人的特殊需求，以丰富社区养老模式；选择性利用社会工作的方法，通过专业化的理论、技巧和具体服务来整合医护资源，开展多样化服务，为机构养老老人老年带来科学化、个性化的关怀和支持，解决家庭和社会关系断裂的问题，同时提升老年人自我管理能力，降低机构运营成本。

（三）社会工作理论对提升养老服务质量有显著作用

社会工作理论在社会工作中具有重要的功能作用。应用于养老服务质量提升的社会工作介入实践中的社会工作理论的作用具体体现在以下四个方面。

首先，社会工作理论能够对社会工作介入养老服务的实践进行解释预测，弄清其实质问题。通过对介入方式、内容、形式等的表面现象进行了解，社会工作理论能够在此基础上，从理论角度进一步科学深入地分析，解释清楚社会工作为什么要介入、为什么可以介入、如何介入养老服务实践，并且预测出社会工作下一步如何继续介入养老服务体系，为社会工作理论指导社会工作对养老服务的介入以及养老服务质量的异质性提升奠定坚实基础。

其次，社会工作理论能够在解释预测的基础上确定社会工作介入养老服务的办法和模式。基于社会工作理论对老年人群体特征的系统分析以及相应理论对社会工作的要求剖析，社会工作能够在具体理论的指导下确定并运用相应的社会工作介入方式，采用不同理论中不同的模式和方法针对性地解决不同老年人的多样化养老服务需求，从而高效地解决老年人的养老服务需求问题，提升养老服务质量。

再次，社会工作理论能够指导社会工作介入养老服务的实践，推动提升养老服务质量。例如，基于马斯洛需求层次理论，老年社会工作者通过需求分析"对症下药"，满足老年人在不同时间、不同条件下的差异化需求；舒茨的人际需要理论可以指导社会工作满足养老服务体系的居家养老、社区养老和机构养老三种模式下老年人对于人际交往的需要，进而提升老年人的养老服务体验和满意度；社会损害理论和社会重建理论能够帮助社会工作者利用个案、小组或社区社会工作方法更好地从事养老服务中的社会工作，避免对老年人造成无意识的伤害，并在精神和心理上给予老年人支持和信心，帮助老年人克服消极暗示，切实解决实际问题，提升老年人自我管理能力；基于生态系统理论的指导，社会工作中的个案工作可以通过针对个人或家庭的"一对一"服务、小组工作可以通过小组活动过程及组员间的互动和经验分享来继续推进老年人的社会化，帮助老年人融入家庭、融入环境、融入社会，排解心理压力，避免与社会脱节。

最后，社会工作理论在社会工作介入养老服务的实践中能够不断补充完善，发展新理论。通过大量切实的社会工作介入养老服务体系的实践活动，社会工作者能够不断发现和解决现实情况下遇到的各种问题，例如，如何应对日益增长的养老服务需求，如何创新社会工作对养老服务系统的介入模式，从而对社会工作理论进行补充完善，为更加科学实用的社会工作理论的形成以及新一轮的理论指导打下基础。

综上所述，社会工作理论通过对社会工作介入养老服务实践的解释预测，确定差异化的介入模式和方法。社会工作者需要在不同理论的指导下，调整、改进养老服务内容，并在实践中创新、发展社会工作理论，开启新一轮的社会工作理论对于社会工作介入养老服务的质量水平的提升。在这个环环相扣的过程中，社会工作理论发挥基础性的支持作用，推动社会工作对养老服务的深度介入实践，以升级优化养老服务体系，满足老年人的多样化养老服务需求，提高老年人养老幸福感和满意度，进而达到提升养老服务质量的显著作用。

二、反 思

（一）社会工作介入养老服务的优势与思考

第一，社会工作介入养老服务能够为养老问题的解决注入新力量、提供新思路。面对当今中国老龄化程度日益加深、老年人养老服务需求渐趋复杂多样化的时代背景，通过何种理念、何种方式、建立何种养老模式、提供何种养老服务，以及如何提升养老服务供给质量、如何提升老年人养老服务满意度等问题需要适当有效的解决方法。社会工作的介入则为养老服务的供给、提升和发展问题拓展了新方法和新途径。

第二，社会工作介入养老服务有利于进一步丰富养老服务内容，满足老年人多样需求。社会工作的介入可以为老年人提供诸如生活照料、疾病预防服务、康复服务、个体支持服务、人际交往、老年护理等多方面、多样化、多层次、动态变化的物质和精神养老服务需求，调整补充养老资源的有效供给，弥补现行养老服务体系的缺陷，强化物质帮扶、精神慰藉和社会融入养老服务的同步发展，有效提升养老质量和水平，逐步解决老年人的养老问题，让老年人老有所养、老有所医、老有所学、老有所乐。

第三，社会工作介入养老服务有利于发挥多角色作用，促进整个养老服务体系的优化完善。让具有利他主义、科学理论和科学方法的社会工作以及具备专业知识、运用科学方法、致力助人的社会工作者参与到养老服务体系中，充分发挥社会工作在整个系统中的服务提供支持、服务监督指导、资源整合动员、政策倡导建议的积极作用，进一步调整、完善养老服务供给系统的流程，弥补居家养老、社区养老和机构养老各个子系统的缺陷，进而升级、优化整个养老服务体系。

第四，社会工作介入养老服务有利于发挥老年服务技术优势，推动老年人的再社会化。社会工作者可以通过个案工作的方法，在提供养老服务的过程中有针对性地帮助老年人再社会化，促进老年人再社会化需求的满足和实现。社会工作者还能通过社区工作为老年人吸收、寻求和整合各种有益社会资源，以优化养老资源、充盈老年服务，为老年人再社会化搭建平台、扩展机会。

第五，社会工作介入养老服务有利于发挥助人价值理念优势，完善养老服务模式。老年社会工作者应以认真负责的态度介入老年服务过程，还可以在老年服务实践活动中积累经验、发现问题、解决问题，真正做到以老年人的需求为导向、以"为老服务"的伦理价值为践行指导，尊重老年人，爱护老年人，开发老年人潜能，促进养老服务模式的完善。

第六，社会工作介入养老服务有利于发挥综合性学科优势，提升养老服务质量。社会工作要想实现对养老服务的有效介入和高度融合，就必然需要众多学科相联系。莫光辉等的研究也指出："社会工作的知识系统包括三方面：一是相关学科的知识，涉及社会学、心理学、法律、人类学、教育学、医学等学科；二是社会工作的知识，包含社会福利制度、人类行为与社会环境、个案工作、小组工作等领域；三是特定主题的知识，涉及贫困、家庭暴力、与年龄段有关的问题、人际关系、精神健康等议题。"因此，社会工作能够通过自身系统完备的知识体系具体化、针对性地开展为老服务实践，确保精准化、有效性和高质量，提高养老服务供给水平。

（二）社会工作介入养老服务中的不足与社会工作者的反思

1. 社会工作对养老服务体系的契合和介入能力尚待提升

社会工作与养老服务体系的契合意味着社会工作需要与养老服务的目标、价值观和政策框架相一致，以更好地满足老年人的需求。介入能力指的是社会工作在养老服务中的实际操作和实施能力，包括专业知识、技能和资源的应用。提升社会工作对养老服务体系的契合和介入能力可以通过加强专业培训、建立合作机制、提供多元化的支持和服务等方式来实现。目前我国社会工作介入养老服务仍然停留在直接服务的微观层面，无法体现出社会工作的政策建议和倡导功能。同时，社会工作的过度专业化会导致与现实实践的脱离，因此社会工作需要实现与养老服务体系的深度融合和有效介入，打造两者互相兼容、匹配和协调的有机统一系统，实现"1+1>2"的功能。

2. 社会工作相关制度建设不完善

制度作为行为实践的指导和标准具有重要意义。如果缺乏完善的社会工作相关制度，那么社会工作将陷入混乱，遑论其对于养老服务的帮助和支持。在制度建设方面，目前各地围绕社会工作人才队伍建设教育评价、岗位设置、激励机制等出台了一些制度，但还没有形成全国统一的标准和质量要求及规范化的培训教育体系，社会工作评价方法、社会工作激励机制也不完善。因此，社会工作需要建立起较为完善的制度体系，以更好地指导和介入养老服务体系，发挥制度保障作用。

3. 我国社会工作介入养老服务的实践不足，职业发展起步晚

对比发达国家，我国在社会工作介入养老服务这方面起步晚，目前仍处在初级阶段，主要表现为：第一，在介入的广度上不足，即社会工作对养老服务的支撑在内容、形式、领域等方面还不够全面，未能动态化地适应老年人的养老服务需求变化；第二，在介入的质量上不达标，社会工作对于养老服务质量的提升作用有限，且反馈机制不完善，不利于养老服务的改进以及质量的提升。

4. 社会工作在养老服务中的认可度较低

在公众认知层面，大多数人对于社会工作的作用、功能、方式等缺乏深入了解，人们常常将社会工作者等同于家政人员，导致社会工作介入养老服务体系的欢迎程度大大降低。另外，受传统养老观念的影响，有些人对社会工作介入养老服务持怀疑和拒绝态度。因此，社会工作急切需要通过沟通、宣传、政策倡导等方式以及高质量高水平的养老服务介入实践来提高人们对其的认可度和接受度。

5. 社会工作服务提供流程滞后、服务提供效果亟待提升

社会工作的服务提供过程中存在着以下问题：服务前需求评估不足、服务时无计划无监管、服务后成效评估不足，这些导致整个过程前后不衔接、不协调以及脱节分离，降低了养老服务供给质量和水平，因此需要重新优化社会工作介入养老服务的流程，提高流程运行效率，逐步建立起相关科学化、标准化的评估体系和评估指标。

6. 社会工作者的素质和专业技能有待进一步提高，社工队伍亟待加强

要实现社会工作对养老服务的良好介入，必须依赖于社会工作者及其素质能力。但是，目前我国老年社会工作从业人员的教育背景和工作经验参差不齐，直接导致了他们之间服务能力的差距，并且社会工作者较为分散，专业社会工作者职业队伍不成熟，因此必须加强对老年人社会工作者从业人员的专业教育培训，明确"助人自助"的理念，提高其专业服务技能，并且建立和完善社会工作者的评估指标和评估体系，为社会工作者优质养老服务的提供构建标准和督促力量。

（三）如何解决社会工作介入养老服务困境

1. 加强社会工作专业人才的培养

社会工作专业人才的培养既要求大学重视课程教育和学生的学习实践，也要求社会工作机构加强自身的培养，并建立一套完善的社会工作专业培训体系。社会工作机构可与就近的高校开展交流，建立长期合作关系，以此为基础，为高校相关专业毕业生提供到养老机构实习的平台；邀请专家、社工督导员及其他专业人士来大学讲学。

2. 构建"社会工作者+志愿者"联动机制

当志愿者参与到社会工作者的工作中来的时候，一方面，志愿者可以在社工的带领下学习到较为专业的技能，而不仅仅是传统、简单重复的工作；另一方面，可以缓解养老服务过程中人才短缺的问题，也为发展新的社会工作者提供更多的途径和机会。

3. 利用多元化的社会力量拓宽融资渠道

目前，政策对于此领域的资金支持较为有限。社工可以发挥专业优势，整合各方面的社会资源，寻求资金支持，缓解养老服务机构资金不足的现状。比如，可以通过与政府、养老产业、非营利组织、民间团体、社会福利机构等的对接，多渠道吸引，将更多的资本引入养老服务机构中，使其在服务内容、服务层次上更丰富。

4. 建立服务评价标准及行为准则制度

对于社会工作服务机构而言，服务品质和水准是其评估的重要指标。政府或行业里面的领军者应该重视标准的重要性，逐步建立起对于社工服务内容的标准评价体系，并制定社会工作者的行为准则与工作制度，使社会工作这个专业逐步规范化发展。

参考文献

［1］ 李修康，胡英利. 社会工作在机构养老服务中的应用——以某市社会福利院为例[J]. 企业科技与发展，2019（3）：148-150.

［2］ 龚西. 社会工作介入互助养老策略研究[J]. 现代营销（信息版），2020（6）：216-217.

［3］ 方媛. 社会工作介入城市社区养老服务的研究[J]. 智库时代，2018（28）：43-45.

［4］ 陆旭军. 个案工作提升社区居家养老服务便利满意度的研究[D]. 沈阳：辽宁大学，2019.

［5］ 高莹. 城市社区居家养老服务的社会工作介入研究[D]. 长春：吉林大学，2012.

［6］ 陈为智. 社区居家养老中的社会工作介入内容及方法[J]. 全国商情（经济理论研究），2014（13）：93-94.

［7］ 黄耀明. 老年社会工作理论与实践[M]. 长春：吉林大学出版社，2008.

［8］ 周玉萍，薛仲，康永征. 老年社会工作[M]. 北京：知识产权出版社，2008.

［9］ 陈玉婵，齐铱，徐永德. 老年社会工作[M]. 上海：格致出版社，2009.

［10］ 王燕，韩杰坤. 老年社会工作[M]. 中国财富出版社，2020.

[11]   安秋玲. 老年社会工作实务研究[M]. 上海：华东理工大学出版社，2015.

[12]   王思斌. 社会工作概论[M]. 北京：高等教育出版社，2006.

[13]   张明. 社会工作概论[M]. 苏州：苏州大学出版社，2017.

[14]   邓恩远，卞国凤. 社会工作方法与实务[M]. 北京：北京大学出版社，2009.

[15]   罗伯特·亚当斯. 社会工作入门[M]. 北京大学出版社，2016.

[16]   吴玉韶，李晶. 我国居家养老服务发展中的问题及其应对[J]. 行政管理改革，2024（3）：44-51. DOI:10.14150/j.cnki.1674-7453.2024.03.002.

[17]   李庆，孙中锋. 社会工作介入社区居家养老服务研究[J]. 长春理工大学学报（社会科学版），2019，32（2）：62-65.

[18]   何亭. 社会工作介入社区居家养老服务的研究——以大连市W社区为例[J]. 价值工程，2020，39（9）：111-113.

[19]   路晓丹. 社会工作介入城市社区养老服务探索[J]. 现代交际，2017（17）：60-62.

[20]   庞博. 社会工作介入农村养老服务的必要性[J]. 黑龙江科学，2024，15（3）：32-34.

[21]   全利民. 个案管理：基于社区照顾的专业社会工作方法[J]. 华东理工大学学报（社会科学版），2005（2）：29-44.

[22]   何世亮. 社会工作介入智慧居家养老服务路径探索[J]. 辽宁经济管理干部学院学报，2018（6）：28-30.

[23]   陈为智. 社区居家养老中的社会工作介入内容及方法[J]. 全国商情，2014（3），93-94.

[24] 刘松丽. 养老机构中社会工作介入老年关爱探究[J]. 社会研究，2013（3）：109-110.

[25] 李修康，胡英利. 社会工作在机构养老服务中的应用——以某市社会福利院为例[J]. 企业科技与发展，2019（3）：148-150.

[26] 高莹. 城市社区居家养老服务研究的社会工作研究——以 C 市 H 社区为例[D]. 长春：吉林大学，2012.

[27] 邹海燕. 基于社会工作视角下我国城市社区居家养老服务研究[D]. 北京：北京交通大学，2016.

[28] 高梅书. 论养老机构中社会工作的介入——基于南通市养老机构的实证调查[J]. 社会工作，2009（10）：41-42.

[29] 李修康，胡英利. 社会工作在机构养老服务中的应用——以某市社会福利院为例[J]. 企业科技与发展，2019（3）：148-150.

[30] 王贝贝，陈超然，卢光莉，等. 中国居家养老服务的现状、问题与对策[J]. 中国老年学杂志，2020（9）：93-95.

[31] 董建军. 中国养老模式的社会化转型与社工介入[D]. 济南：山东大学，2010.

[32] 房杰. 社会工作视角下机构养老问题的探索——以 C 市 S 养老机构为实证的研究[D]. 长春：吉林大学，2012.

[33] 赵崇博，欧阳岚，戴蕉嶷，等. 浅谈社会工作机构自我造血的模式与可行性——基于对四川省成都市典型机构的访谈[J]. 产业创新研究，2020（10）：30-32.

[34] 王晔安，陶惠婕，徐月宾，等. 老年社会工作机构服务绩效评估指标体系研究[J]. 社会工作，2018，（4）：99-112.

[35] 王磊. 促进我国老年社会工作发展的路径选择[J]. 黑龙江工业学院学报（综合版），2018，18（7）：61-65.

[36] 史晓萌. 老年社会工作从业人员的专业化建设研究[D]. 北京：首都经济贸易大学，2016.

[37] 李敏. 老年社会工作研究现状述评[J]. 武汉职业技术学院学报，2016，15（1）：25-28.

[38] 罗晓晖. 老年社会工作学科发展初探[J]. 老龄科学研究，2014，2（12）：3-11.

[39] 张淑萍. 老年福利机构社会工作专业化现状与探索[J]. 理论观察，2014（7）：78-79.

[40] 陆士桢，徐选国. 我国民办社会工作组织现状及发展策略[A]//中国社会工作协会发展蓝皮书（2009—2010）[C]. 中国社会工作协会，2011：14.

[41] 张景美. 人口老龄化背景下我国老年社会工作的困境与选择[J]. 才智，2011（1）：41-42.

[42] 董建军. 中国养老模式的社会化转型与社工介入[D]. 济南：山东大学，2010.

[43] 许加明. "时间银行"模式应用于居家养老互助服务的思考[J]. 社会工作，2015（1）：74-80+126-127.

[44] 李晋. 城市居家老年人生活状况及其对社区养老服务的需求研究[D]. 上海：华东理工大学，2014.

[45] 李小梅. 厦门市居家养老服务需求与供给调查研究[D]. 厦门：厦门大学，2014.

[46] 林茂. 政府购买居家养老服务：现状、问题与对策——以福州市为例[D]. 厦门：厦门大学，2014.

[47] 马艳珍. 北京市老年人机构养老需求及其影响因素研究[D]. 北京：首都经济贸易大学，2015.

[48] 陶冉. 城市社区养老需求及服务供给研究[D]. 济南：山东财经大学，2013.

[49] 张子珍. 机构养老服务供需及对策研究[D]. 上海：华东政法大学，2013.

[50] 方云，毛伟，高荣，等. 中国农村老年人养老模式探析[J]. 中国老年学杂志，2012（4）：881-883.

[51] 梁宏姣. 城市医养结合机构养老模式研究——以黑龙江省失能、半失能老人为例[D]. 哈尔滨：黑龙江省社会科学院，2015.

[52] 王莉莉. 中国城市地区机构养老服务业发展分析[J]. 人口学刊，2014（4）：83-92.

[53] 张伟，陶文静. 老年社会工作在城市社区养老中的作用分析[J]. 长春工程学院学报：社会科学版，2011（3）：62-64.

[54] 成伟，刘海鹰，张宇奇. 社会工作介入社区居家养老服务的方案探索[J]. 理论与现代化，2013（1）：56-61.

[55] 宋云辉，尹俊芳. 社会工作介入城市社区居家养老服务研究[J]. 经济研究导刊，2024（5）：135-137.

[56] 蔡中华，王一帆，董广巍. 城市社区养老服务质量评价——基于粗糙集方法的数据挖掘[J]. 人口与经济，2016（4）：82-90.

[57] 陈莉，卢芹，乔菁菁. 智慧社区养老服务体系构建研究[J]. 人口学刊，2016（3）：67-73.

[58] 王薪茹. 社会工作介入居家养老服务研究——以 J 市 S 社

工机构为例[D]. 济南：山东大学，2019.

[59] 刘敏. 社会工作介入社区居家养老服务模式研究[D].合肥：安徽大学，2018.

[60] 杜少英，张艳文，冯智聪，等. 城市居家养老现状及对策[J]. 中国老年学杂志，2013（12）：80-82.

[61] 高梅书. 论养老机构中社会工作的介入——基于南通市养老机构的实证调查[J]. 社会工作（理论），2009（10）：41-43.

[62] 关信平，赵婷婷. 当前城市民办养老服务机构发展中的问题及相关政策分析[J]. 西北大学学报（哲学社会科学版），2012（5）：52-56.

[63] 胡业飞，崔杨杨. 模糊政策的政策执行研究——以中国社会化养老政策为例[J]. 公共管理学报，2015（2）：93-157.

[64] 敬义嘉，陈若静. 从协作角度看我国居家养老服务体系的发展与管理创新[J]. 复旦学报（社会科学版），2009（5）：133-140.

[65] 李德明，陈天勇，李海峰. 中国社区为老服务及其对老年人生活满意度的影响[J]. 中国老年学杂志，2009（19）：13-15.

[66] 刘国亮. 养老机构需要社会工作者[J]. 社会福利，2009（4）：40.

[67] 穆光宗，姚远. 探索中国特色的综合解决老龄问题的未来之路——"全国家庭养老与社会化养老服务研讨会"纪要[J]. 人口与经济，1999（2）：3-5.

[68] 潘昭佑. 城市机构养老发展区域比较研究——以昆明市为例[J]. 思想战线，2010（6）：135-136.

[69] 邱刚. 上海养老机构社会化运作的研究[D]. 上海：上海交通

大学，2007.

[70] 邱玉涵. 社会工作理论视野下的农村机构养老——对湖南省W市L乡敬老院的个案研究[J]. 2008（6）：71-74.

[71] 睢党臣，彭庆超. "互联网+居家养老"：智慧居家养老服务模式[J]. 新疆师范大学学报（哲学社会科学版），2016（5）：128-135.

[72] 孙建娥，王慧. 城市失能老人长期照护服务问题研究——以长沙市为例[J]. 湖南师范大学社会科学学报，2013（6）：69-75.

[73] 唐咏，徐永德. 中国社会福利变迁下养老服务中非营利民间组织的发展[J]. 深圳大学学报（人文社会科学版），2010（1）：74-78.

[74] 王莉莉. 基于"服务链"理论的居家养老服务需求、供给与利用研究[J]. 人口学刊，2013（2）：49-59.

[75] 王琼. 城市社区居家养老服务需求及其影响因素——基于全国性的城市老年人口调查数据[J]. 人口研究，2016（1）：98-112.

[76] 王欣懿，李芮，熊娇龙. 老年社会工作专业人才职业胜任力模型探究[J]. 就业与保障，2024（1）：192-195.

[77] 黄晨熹. 发挥社会工作专业优势，推进养老服务人才队伍建设[J]. 中国社会工作，2024（6）：1.

[78] 肖云，吕倩，漆敏. 高龄老人入住养老机构意愿的影响因素研究——以重庆市主城九区为例[J]. 西北人口，2012（2）：27-30+35.

[79] 谢启文，康雅馨. 社会工作理论视角下农村养老机构建设研

究——以荥阳市五保供养幸福园为例[J]. 社会工作（学术版），2011（12）：58-60.

[80] 徐晓玲. 养老机构凸显社工站的作用[J]. 社会福利，2008（2）：45.

[81] 颜秉秋，高晓路. 城市老年人居家养老满意度的影响因子与社区差异[J]. 地理研究，2013（7）：69-79.

[82] 杨继瑞，薛晓. 社区居家养老的社会协同机制探讨[J]. 经济理论与经济管理，2015（6）：106-112.

[83] 张文范. 坚持和完善家庭养老积极创造居家养老的新环境[J]. 中国老年学杂志，1998（3）：3-5.

[84] 朱慧. 我国社区养老服务文献综述[J]. 劳动保障世界（理论版），2012（1）：75-78.

[85] MEINOW B, KAREHOLT I, LAGERGREN M. *According to need? Predicting the amount of municipal home help allocated to elderly recipients in an urban area of Sweden*[J]. Health and Social Care in the Community. 2005, 13(4): 366-377.

[86] WARK S. *Ageing, end-of-life care, and the National Disability Insurance Scheme:What can we learn from overseas?*[J]. Journal of Intellectual and Developmental Disability, 2015(40): 92-98.

[87] 倪东生，张艳芳. 养老服务供求失衡背景下中国政府购买养老服务政策研究[J]. 中央财经大学学报，2015（11）：3-13.

[88] 陈英姿，满海霞. 中国养老公共服务供给研究[J]. 人口学刊，2013（1）：22-26.

[89]　林宝. 养老服务业"低水平均衡陷阱"与政策支持[J]. 新疆师范大学学报（哲学社会科学版），2017，38（1）：108-114.

[90]　严骏夫，康会杰. 新文科建设背景下生成式人工智能在社会工作课程改革中的应用探索——以"社会服务管理"课程为例[J]. 科教文汇，2024（9）.

[91]　祁月浩，琚泽彬，党志峰. 智慧社区养老的价值和困境分析及社会工作的嵌入路径[J]. 经济研究导刊，2023（23）：95-97.

[92]　封铁英，马朵朵. 包容性发展视域下社区居家养老服务资源密度分布与均等化评估[J]. 西北大学学报（哲学社会科学版），2020，50（4）：108-119.